덴마크 행복교육

**덴마크 행복교육**
: 학생을 살리고 시민을 깨우는 교육의 힘

초판 1쇄 펴냄 2019년 8월 9일
    3쇄 펴냄 2023년 5월 22일

지은이 정석원

펴낸이 고영은 박미숙
펴낸곳 뜨인돌출판(주) | 출판등록 1994.10.11.(제406-251002011000185호)
주소 10881 경기도 파주시 회동길 337-9
홈페이지 www.ddstone.com | 블로그 blog.naver.com/ddstone1994
페이스북 www.facebook.com/ddstone1994 | 인스타그램 @ddstone_books
대표전화 02-337-5252 | 팩스 031-947-5868

ISBN 978-89-5807-723-7  03370

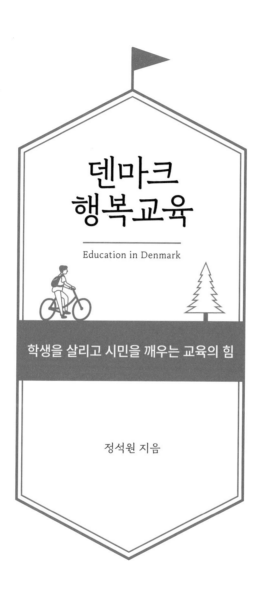

# 덴마크
# 행복교육

Education in Denmark

학생을 살리고 시민을 깨우는 교육의 힘

정석원 지음

뜨인돌

고민하는 교육자가 되도록
적극 지지해 준 가족,
교육의 현장에서 나를 연마해 준
제자와 동료와 부모님께

chapter 1
# 이토록 행복한 학교 :
## 덴마크의 교육체계

chapter 2

# 학생이 행복한 나라, 덴마크 :
## 덴마크 학생들이 사는 법

chapter 3

# 우리의 행복한 미래 교육은 어디에 :
## 이 땅의 학생들을 위하여

# 가장 행복한 나라,
# 덴마크

숨을 헐떡이며 달려가던 직장생활을 마무리하고 집에 혼자 남겨졌다. 아이들은 기숙학교에 가서 주말에나 올라오고, 아내는 아침 일찍 출근을 하니 집은 텅 비어 있다. 커피 잔을 들고 소파에 앉으니 마음이 더 깊이 가라앉는다. '우울 증상인가?' 무심코 틀어 놓은 라디오에서 부드러운 아나운서의 목소리를 타고 시 한 편이 흘러나왔다.

"보세요 곧 햇빛이 날 겁니다……"

착잡하던 마음이 시를 듣자 따뜻해진다. 지금 이 순간도 행복하다 여기기에 결코 부족함이 없다는 생각이 들어서다. 재빨리 인터넷을 뒤져 귓가에 흘러 지나간 시구를 소환했다. 덴마크의 유명한 시 「스반테의 행복한 하루」다. 축복으로 다가오는 자연,

함께하는 당신, 그리고 온기가 남은 커피 한잔이 있으면 다른 것 없어도 인생은 참 행복하다고 노래한다. '아! 지금 이 순간 내 인생도 행복의 악보 위를 행진하는구나!'

독일의 과학 전문 저널리스트 바스 카스트는 『선택의 조건』에서 우리의 머리를 갸우뚱하게 만드는 행복론을 이야기한다. '적을수록, 버릴수록, 느릴수록' 행복해진다는 것이다.[1] '더 많이, 더 빠르게'가 이 시대를 이끄는 쌍두마차인데, 그의 말은 우리가 생각하는 그림에서 많이 벗어난 것 같다. 하지만 지금 우리가 붙잡으려고 아등바등하는 것을 잠깐 내려놓고 주위를 찬찬히 살펴보면 그의 말이 틀리지 않았음을 금방 알아챌 수 있다. 산업이 발달한 선진국 국민들이 그렇지 않은 나라에 비해 정신 질환을 겪는 비율이 높다는 연구 결과들 또한 그런 행복론이 틀리지 않았음을 증명한다. '적을수록, 버릴수록, 느릴수록'은 시대를 거스르는 반사회적 행복론이 아니라 인간 내면의 심리와 정서를 잘 담은 모든 시대, 모든 지역의 행복론이 아닐까? 떠오르는 태양을 보며 사랑하는 사람과 따뜻한 커피 한잔을 마실 수 있다면 그것이 바로 행복이다.

소박한 행복에 미소 짓는 덴마크는 어떤 나라일까?

UN은 매년 3월 20일이 되면 '세계 행복의 날'을 맞이하여 '세계 행복 보고서'를 발표한다. 1인당 국내총생산, 사회적 안전망, 기대 수명, 선택의 자유, 관용 의식, 부패 정도를 평가 자료로 삼는다. 행복을 수치로 표시하고 순위를 매길 수 있느냐는 반론도 있지만, 불안감을 해소할 수 있는 '물리적 행복지수' 면에서는 충분히 유의미한 발표다. 발표를 처음 시작한 2012년부터 덴마크는 계속 최상위를 차지하고 있다. 2019년 조사에서는 핀란드에 이어 2위를 차지하여, 세계 최고 수준의 행복 국가임을 다시 한번 확인했다.[2]

덴마크 사람들은 역사나 자연환경 등을 고려해 보면 자기 나라는 행복할 수 있는 조건을 가진 곳이 아니라고 말한다. 역사적으로 덴마크는 1800년 이전에 세계 최대의 해양 대국으로서 위용을 과시하며 그들의 꿈을 오대양으로 펼친 때가 있었다. 그 꿈과 자존심은 1801년 영국의 명장 넬슨 제독과 그 휘하 군사들의 공격에 완벽하고 철저하게 불태워졌다. 그동안 수많은 승리를 가져다 준 전함들과 함께 덴마크인의 자부심도 바닷속에 수장되었다.

이후 덴마크는 나폴레옹 전쟁에서 프랑스 편에 섰다가 패배하여 노르웨이 땅을 스웨덴에 넘겨주었다. 덴마크의 뼈아픈 근대 역사는 여기서 끝나지 않았다. 1864년에는 프로이센과의 전쟁에서 또다시 패하면서 덴마크에서 가장 기름진 땅이었던 남부 유틀란트의 넓은 평야를 빼앗겼다. 이제 남은 건 황무지와 별반 다를 바 없는 북부 지역과 400여 개의 섬, 그리고 사회 깊숙이 파고든 좌절감이었다. 이 시기 다른 유럽 국가들은 산업 발달과 식민지 확장으로 엄청난 활기를 띠고 폭발적인 성장을 이어가는데, 북유럽의 조그마한 나라 덴마크는 실의에 빠진 채 역사의 변방으로 밀려나 혹독한 겨울을 맞이하였다.

덴마크의 기후도 행복한 생활과는 어울리지 않는다. 우리는 흔히 행복한 나라를 꿈꿀 때 사시사철 따뜻한 날씨에 하얀 햇볕이 쏟아지는 푸른 바닷가를 떠올리지 않는가? 덴마크의 겨울은 매섭지는 않지만 일찍 찾아와서 늦게 물러간다. 태양이 떠 있는 낮 시간도 짧아, 덴마크인은 한 해 중 상당한 기간 동안 춥고 긴 밤 시간을 보내야 한다. 이런 날씨가 덴마크 사람들의 성격에 영향을 준 걸까. 술의 힘에 기대거나 항우울제의 도움을 받는 사람의 수가 세계 최고 수준이다.[3]

이런 조건에서도 행복해하는 덴마크 사회가 궁금하지 않을 수 없다. 행복은 사람들이 추구하는 최고의 가치이지만 쉽게 설명할 수 없는 모호함과 복잡성을 가지고 있다. 이것은 단순히 물질적인 것을 넘어 정신적, 심리적 바탕뿐만 아니라 종교적, 철학적 영역에 의해 좌우되기도 한다. 모호하고 복잡한 행복의 의미를 언어로 표현하기란 쉽지 않지만 굳이 표현해 보자면 '사람들이 생활에서 자기의 욕구가 충족되어 만족감과 즐거움을 얻음과 더불어, 자신을 위협하거나 두려움에 빠지게 할 불안전성이 제거된 안정된 상태'라 할 수 있다. 즉 행복은 생활의 만족성과 안정성이 중요하다.

이와 관련해 덴마크 행복연구소 소장 마이크 비킹은 덴마크의 행복 비결이 '휘게'에 있다고 말한다.[4] '휘게'는 근래에 우리나라에도 많이 소개되어 낯설지 않은 용어이다. 하지만 '휘게'는 무어라고 명확하게 정의하기 어렵다. '함께하면서 느끼는 따뜻하고 평안한 분위기'라고 말하면 어느 정도 표현이 될까? 사치스러워서는 안 되며, 남에게 보이기 위한 허세여도 안 된다. 사랑하는 사람들과 함께 일상에서 찾고 일상에서 느끼고 일상에서 즐기며 감사하는 경험과 감정이어야 한다.

'휘게'에는 프로테스탄트의 영향으로 오래전부터 뿌리내린 검소하고 엄격함에 바탕을 둔 자율성이 자리 잡고 있다. 그래서 덴마크의 휘게는 수수하며 단순하고 건강하다. 덴마크인은 자기 삶을 남과 비교하지 않으며 애써서 남보다 앞서려고도 하지 않는다. 주어진 일상에 감사하고 만족해한다. 평범한 삶 속에서 함께하는 시간과 나눔, 소소한 기쁨을 무시하지 않고 그 의미를 찾아 행복으로 만들어 간다.

덴마크 출신의 '행복 여행가' 말레네 뤼달은 『덴마크 사람들처럼』에서, 덴마크가 행복한 이유로 가장 먼저 '신뢰'하는 사회 문화를 꼽는다. 새벽 시간에도 신호를 어기면서 무단 횡단을 하는 사람이 없고, 무인 가판대에서는 누구든지 알아서 돈을 놓고 물건을 가져간다.[5] 나뿐 아니라 다른 사회 구성원들 역시 룰을 잘 지킨다는 믿음이 형성되어야 복지사회는 유지될 수 있다. 사회 전반에 깔려 있는 이러한 '신뢰'의 힘이 덴마크를 가장 행복한 나라로 만든 주춧돌이라는 데 충분히 공감이 간다.

덴마크는 OECD 회원국을 대상으로 한 사회 신뢰도 조사에서 1위를 차지한 나라다. 반면 우리나라의 현실은 어떠할까? 한국행정연구원의 『2016년 사회통합실태조사』에 따르면 정부, 검찰, 경찰, 사법부에 대한 국민의 신뢰도는 겨우 30퍼센트 안팎에 머물렀다. 민의를 대변한다는 국회에 대한 신뢰도는 20퍼센트도 되지 않아 우리나라 정부 기관 중 꼴찌의 불명예를 안았다.[6] 우리 손으로 우리가 신뢰하지 못하는 사람을 뽑아 우리를 위한 정책이 펼쳐지기를 바라는 아이러니 속에 살아가고 있으니, 행복한 사회를 꿈꾸는 우리의 이상은 망상이 아닌가 싶기도 하다. 사회, 경제, 교육 등 우리 앞에 닥친 현안들을 풀기 위해서는 정치가 무엇보다 중요한데, 바닥에 떨어진 정치인들의 신뢰성을 보면 안타깝기 그지없다. 하지만 정치는 정치인들에 의해서만 변하는 것이 아니라 민의에 의해서도 변화될 수 있으니 희망을 놓을 수는 없다.

덴마크가 낳은 세계적인 동화 작가 안데르센의 「벌거벗은 임금님」에서, 순수한 눈을 가진 아이는 "임금님이 벌거벗었다!"라고 진실을 외친다. 진실을 외치는 데는 순정한 용기가 필요하다. 진실을 외칠 때 사회의 어둠은 물러가고 신뢰를 바탕으로 한 행복의 태양이 떠오른다. 사회에 신뢰를 심는 일이 쉽지 않지만 우리는 그것을 해야만 한다. 그래야 우리의 자녀들이 살아갈 시대는 좀 더 행복한 사회가 될 것이다.

## chapter 1

이토록 행복한 학교

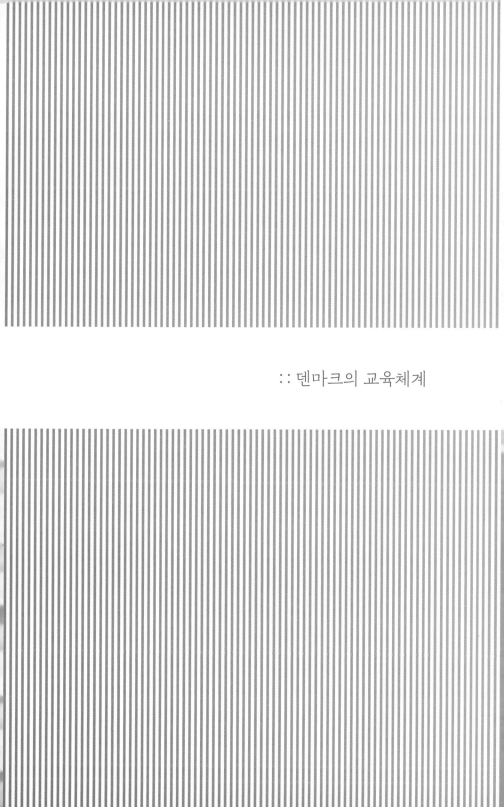

:: 덴마크의 교육체계

# 덴마크를 일으켜 세운
# 그룬트비의 사상

덴마크가 지금의 행복한 나라로 거듭나는 데 대단히 큰 역할을 한 사람이 있다. 덴마크 사람들이 국부(國父)로 받들고 있는 사람, 바로 니콜라이 프레데리크 세베린 그룬트비다. 1783년생인 그룬트비는 동화 작가 안데르센, 실존주의 철학자 키르케고르, '빈사의 사자상'을 설계한 조각가 토르발센과 같은 시대에 덴마크의 수도 코펜하겐에 살았다.[1] 우리에게 그룬트비는 생소하다. 하지만 그가 지금의 덴마크가 있기까지 가장 큰 공헌을 했음을 인정하는 데에는 이견이 없다. 그룬트비를 알아야만 오늘의 덴마크를 이해할 수 있다.

그룬트비는 아버지가 조그마한 마을의 목회자여서 물질적으로는 넉넉하지 못했지만, 시골의 아름다운 자연과 어머니의 따뜻함 속에서 행복한 유년 시절을 보냈다. 특히 어른들이 들려주는 옛이야기와 전설은 그룬트비의 상상력을 키워 주었고 나중에는 교육 사상의 뿌리가 되었다. 그룬트비를 한마디로 설명하기는 어렵다. 여러 방면에 걸쳐 넓고도 깊이 있는 삶을 살았기 때문이다. 목사이며 정치가이자 교육자였다. 게다가 시인이기도 하여, 덴마크의 특징을 고스란히 담은 그의 노래 가사들은 지금도 덴마크에서 널리 불리고 있다.[2]

그룬트비의 주된 관심사는 덴마크와 민중이었다. 그는 몇 번의 패전으로 실의에 빠져 있던 덴마크를 새롭게 변화시키려고 노력했다. 그가 지향하는 사회는 힘이 약한 사람이 힘 있는 사람에게 차별받지 않고 부당한 대우를 받지 않는, 평등하고 자유롭게 사는 사회였다. 그룬트비는 이런 사회를 만들기 위해서는 무엇보다 올바른 교육이 필요하다고 생각했다. 그래서 젊은 시절부터 교육 활동에 적극 참여하여 세상을 떠날 때까지 덴마크 교육을 위해 모든 열정을 쏟았다.

그는 교육 사상을 현장에 이식하는 것에 멈추지 않고, 적극적인 정치 활동을 통해 사회 전반으로 확장하고 실현했다. 그룬트비는 하원 의원을 거쳐 상원 의원이 되었다.[3] 정치 활동은 그가 꿈꾸던 사회상을 현실로 이어 주는 다리 역할을 했다. 교육 문제를 단순히 교육 차원의 문제로만 여겨 거기에 맞는 '교육 정책'으로만 해결하려 하면 또 다른 갈등이 발생한다. 그래서 그는 덴마크의 미래를 내다보며 교육 사상을 만들었고, 이 사상을 사회 전반에 실현할 수 있도록 정치적 활동에 적극 참여한 것이다.

덴마크 국부 그룬트비가 일군 최고의 교육적 결실은 폴케호이스콜레, 즉 평민대학을 설립한 것이다. 그룬트비의 교육 사상을 담은 폴케호이스콜레 설립은 녹록지 않았다. 먼저 폴케호이스콜레를 설립할 수 있는 법안을 만들어 통과시키는 데만 무려 20년의 세월이 걸렸다. 그룬트비가 가장 심혈을 기울인 일이라 할 수 있다. 결국 덴마크의 마지막 절대군주인 크리스티안 8세가 세상을 떠나기 직전 폴케호이스콜레 설립법을 승인하였다.[4] 이로 인해 덴마크는 이전에 없던 새로운 교육의 문을 열었다. 이 법으로 설립된 폴케호이스콜레는 덴마크 사회와 국가의 실질적 변화의 원동력이 되었다.

그룬트비는 기존의 교육을 죽은 교육이라 비판했다. 잘못된 교육 방법과 죽어 있는 교재를 사용하여, 학생들을 깨우치기는커녕 도리어 생기를 빼앗는다는 것이다. 특히 당시의 공교육을 권력이 원하는 시민을 만들어 가는 강요된 교육제도로 보았고, 의무교육이 게으르고 평범한 학생들만 길러 낼 것이라고 강하게 비판하였다. 그룬트비는 가장 이상적인 교육은 가정에서 일어나야 한다고 말했다. 이것은 모든 학생이 가정학습, 개인학습을 받아야 한다는 말은 아니다. 자녀 교육의 책임과 권한의 소재에 대한 견해로서, 교육의 책임과 권한은 부모에게 있으며 공교육 기관이 떠맡을 수 없다는 것이다. 국가는 부모가 자녀들을 잘 교육할 수 있도록 필요한 것을 최대한 제공해야 할 의무를 진다고 그는 주장했다.

이 사상은 의무교육에 대한 올바른 이해를 필요로 한다. 의무교육이란 단순히 자녀를 학교에 보내면 끝나는 것이 아니다. 자녀 교육의 책임자며 주체인 부모는 자녀에게 최고의 교육을 제공해야 하는데, 그 장소가 공교육을 실시하는 학교일 수도 있고 그렇지 않을 수도 있다. 부모가 생각하는 교육철학과 방법이 공교육과 일치하여 받아들일 수 있으면 일반 학교에 보내면 되지만, 만일 부모의 생각에 부합하지 않을 때는 부모가 원하는 교육기관을 설립하여 교육할 수도 있다는 것이다. 의무교육이라는 명목하에 일방적으로 행하던 국가 중심의 교육권을 자녀 교육의 주체자인 부모에게 돌려주어야 한다는 취지였다.

필자는 이와 같은 생각을 어떤 강연에서 말한 적이 있었다. 대부분의 학부모는 의아해하고 불편해했다. 아이를 국가에서 배정한 학교에 보내는 것이 당연하다 생각하고 살아왔기 때문이다. 그 학교에서 무엇을 가르치는지, 어떤 사상과 철학을 가진 선생님이 가르치는지 속속들이 궁금해하지 않은 것이다. 우리 학부모들은 학교는 당연히 좋은 곳이고, 그곳에 보내는 것으로 부모의 책임을 다했다고 생각하며 살아왔다. 이런 상황에서, 교육의 모든 책임은 부모에게 있으니 자녀가 받는 교육의 철학과 방법 그리고 교과과정을 부모인 당신이 동의할 수 있는지 확인해 봐야 한다는 말은 생소하게 들릴 수밖에 없다. 솔직하게 생각해 보자. 자녀를 국가에서 지정한 학교에 보내고, 엄청난 사교육비를 들여 좋은 대학에 보내 남이 부러워하는 직업을 갖게끔 도와주었다면, 부모는 그것으로 자녀에 대한 교육적 의무를 다했다고 말할 수 있을까?

많은 나라들은 독립 쟁취나 경제적 발전에 절대적으로 기여한 사람을 국부로 추앙한다. 그룬트비는 독립을 위해 싸운 사람도, 경제 발전에 놀라운 업적을 남긴 사람도 아니다. 그는 덴마크의 미래를 바라보며 교육의 중요성을 깨닫고 미래를 향한 교육이 뿌리내리는 데 생애를 바친 사람이다. 그의 교육 사상과 철학은 더 깊이 더 넓게 덴마크 사회에 뻗어 나가 굳건한 공동체를 만드는 데 기여했다. 그로 인해 덴마크는 지금, 우리가 따르고 싶은 미래 사회의 모델이 되어 있다.

## 육아와 직장 모두 완벽하게?
## 슈퍼 맘은 없다!

얼마 전, 옛 제자가 출산 소식을 전해 왔다. 그런데 아기가 예정일보다 2개월 일찍 태어나, 안전을 위해 인큐베이터 생활을 해야 했다. 그때부터 초보 엄마는 자신의 몸을 추스를 틈도 없이 갖가지 문제와 직면했다. 조기 출산으로 인한 비싼 의료비는 다행히 조기 출산을 지원하는 의료보험과 미리 준비한 태아보험으로 해결할 수 있었다. 하지만 직장 산휴 처리를 시작으로 하여 밀려오는 육아 부담은, 그를 아이와 함께하는 행복한 엄마보다는 생생한 현실 속에서 육아의 모든 것을 책임지는 위대한 엄마로 만들어 갔다.

육아는 행복하지만 힘든 일이다. 특히 직장 여성인 경우, 육아는 혼자 감당하기에 너무 벅차다. 한국 사회는 초보 엄마에게 육아에도 능숙하고 직장 생활도 흔들림 없기를 바란다. 이런 사람을 이른바 '슈퍼 맘'이라 부른다. 남편들도 자기 아내가 슈퍼 맘이 되기를 은근히 바란다. 지금 우리나라 사회 구조에서 이것이 거의 불가능한 일임은 모두 아는 사실이다. 그래서 직장 여성의 대다수는 출산을 꺼릴 수밖에 없다.

현재 우리나라 출산율은 OECD 국가들 중에서는 물론 전 세계에서도 최하위다. 정부도 이런 심각성을 알고 지난 10여 년간 80조 원 이상의 재원을 쏟아붓고 여러 정책들을 꺼내 들었지만 나아질 기미가 보이지 않는다. 육아에 시달리는 부모나 경력 단절여성의 입장에서 체감할 수 있는 정책보다는 탁상공론식 행정이 많았기 때문이라고 시민들은 비판한다. 비근한 예로, 행정자치부는 지자체의 출산 통계와 출산 지원 서비스를 국민에게 알리겠다는 취지로 '대한민국 출산지도'를 만들어 배포했는데 '여성을 애 낳는 기계로 취급하느냐?'는 여론만 비등했다.

출산율 저하는 선진국이라면 대부분 맞닥뜨리는 문제라 덴마크 역시 비켜 갈 수 없었다. 덴마크는 1983년에 출산율이 1.38명으로 떨어졌었다.[5] 덴마크 정부는 저출산 문제를 가정의 문제로 넘기지 않고 사회의 가장 심각한 문제로 받아들였다. 이 문제를 해결하기 위해 장기적 대책을 강구하면서 사회의식 변화에

심혈을 기울였고, 출산과 육아 복지 정책을 강화하였다. 그 결과 2008년에 1.89명의 출산율을 기록했다. 지금도 출산을 장려하기 위한 홍보 활동을 멈추지 않고 많은 예산을 들여 추진하고 있으며, 출산 가정에 조금이라도 더 많은 도움을 주기 위해 피부에 와 닿는 실질적인 정책들을 개발하여 실시하고 있다.

덴마크 가족 정책 당국은 '가족을 사회 존재의 기본 단위'로 인식하고 있다. 가족 없는 아이가 없으며, 아이가 태어나지 않으면 사회를 유지할 수 없다는 가장 단순한 사실을 기초로 한다. 그래서 가족 구성원이 질 높고 행복한 삶을 살 수 있도록 다양한 기회를 제공한다. 특히 출산한 여성이 일과 가정생활을 병행할 수 있게 하는 복지 정책을 개발하여 실시하고 있다.

덴마크는 아이가 태어나면 양육의 책임을 부모가 진다. 하지만 양육 과정에서 만나는 여러 어려움을 부모가 오롯이 감당하는 것은 아니다. 육아는 부모의 책임이지만 부모가 육아를 잘할 수 있도록 국가는 제도적으로 적극 뒷받침한다. 정부는 가정에 아이가 태어나면 전담 간호사를 파견한다. 전담 간호사는 수시로 방문하여 양육 환경이 적절한지 살피고 아기의 발달 상태에 문제는 없는지 확인한다.[6] 부모는 육아의 아주 사소한 일까지도 전담 간호사와 상담하며 도움을 받는다. 이처럼 전담 간호사는 어린아이를 둔 덴마크 부모들에게 든든한 공적 육아 파트너이다.

출산율을 높이고 육아를 지원하는 데 출산휴가는 매우 중요하다. 선진국에서는 출산·육아 제도가 매우 중요한 사회정책이다. 미국을 제외한 모든 OECD 국가는 최소 12주 이상의 유급 출산휴가를 지원하고, 절반 이상 국가는 배우자 휴가 제도를 도입하고 있다. 우리나라 여성의 유급 출산휴가는 90일이다. 배우자의 유급 출산휴가는 현재 3일이며, 이를 10일로 늘리는 방안이 추진되고 있다.

덴마크는 출산과 육아를 위해 부모에게 총 1년 2개월이 넘는 휴가 기간을 보장하고 있다. 아이를 출산한 산모는 총 18주의 출산휴가를 사용할 수 있다. 배우자는 2주의 출산휴가를 쓸 수 있는데 출산 후 14주 이내에 사용해야 한다. 자녀가 보육 기관에 들어가기 전에 부모는 육아휴직을 쓸 수 있다. 자녀가 48주가 될 때까지 부모는 32주의 부모휴가를 사용할 수 있다. 부모가 동시에 휴가를 낼 수 있고, 육아휴직 32주 중에서 8~13주는 48주가 지난 후에도 사용할 수 있다. 또한 휴가 기간을 32주에서 40주까지 연장할 수도 있다. 다만 휴가 급여액은 늘어나지 않는다. 부모가 원한다면 시간제로 일하면서 휴가를 사용할 수도 있다. 예를 들어, 하루 중 오전이나 오후를 선택하여 일할 경우 휴가 기간을 64주까지로 연장할 수 있다. 가정이 육아에 집중할 수 있도록 충분히 배려하고 있음을 알 수 있다.

정부의 넉넉한 재정적 지원과 부모에게 충분히 보장된 휴가나 휴직은 출산과 육아에 큰 영향을 미친다. 하지만 이것만으로 해결되는 것은 아니다. 사회학자들은 남성이 육아에 적극 참여하는 것이 무엇보다 중요하다고 입을 모은다. 우리나라도 남성의 육아휴직 기간은 다른 나라 부럽지 않다. OECD의 '가족 데이터베이스 2015'에 따르면, 아이가 태어났을 때 우리나라 남성이 쓸 수 있는 유급휴가는 52.6주로 회원국 가운데 가장 길다. 하지만 실제로 육아휴직을 사용하는 남성은 전체의 4~5퍼센트 수준으로 다른 나라에 비해 현저히 적다.[7] 실제로 주위를 둘러보면 육아휴직을 하고 자녀를 돌보는 데 전념하는 남성을 찾아보기 힘들다. 회사의 눈치를 보지 않을 수 없는 사회 풍토가 원인이다.

덴마크는 2013년 기준에 의하면, 남성이 출산휴가 2주만을 사용하는 경우는 45퍼센트, 출산휴가 2주와 함께 육아휴직을 사용하는 경우는 37퍼센트였다.[8] 10명 중에 8명 정도가 2주 이상의 출산휴가를 쓰며, 10명 중 4명은 가족과 함께하는 육아휴직을 사용한다는 것이다. 남성의 육아 참여가 출산 장려뿐 아니라 아이의 성장 발달에도 큰 영향을 끼치는 것으로 보고되면서 각 나라는 남성의 출산휴가 및 육아휴직 사용률을 높이는 데 노력하고 있다. 우리나라도 긴 육아휴직 기간을 적극적으로 사용할 수 있는 사회 분위기를 조성하는 것이 중요하다.

덴마크도 초기에는 남성이 육아에 적극적으로 참여하지 않았다. 1970년대부터 일하는 여성이 늘어났지만 육아는 늘 엄마의 몫이라고 생각했다. 이런 현상이 지속되면서 엄마는 지쳤고 아빠는 가족에게서 점점 소외되었다. 남자들은 가족과 유대 관계가 끊어진 것을 깨닫고 좌절했고, 이런 가족 문제는 이윽고 사회 문제로 심화되었다. 그러면서 남성들에게도 동등하게 육아에 참여할 기회를 줘야 한다는 목소리가 높아졌다. 이 요구에 부응해 1984년에 남성 육아휴직 제도를 시행하였다.[9]

제도가 잘 갖춰져 있어도 사회적 인식이 바뀌지 않으면 실생활에 정착하기 어렵다. 덴마크도 제도 도입 초기에는 여전히 많은 남성들이 육아에 잘 참여하지 않았지만, 시간이 지날수록 육아에 함께 참여하는 아빠가 좋은 아빠라는 인식이 생겼고 육아를 '아빠의 권리'로 받아들이기 시작했다. 그래서 오늘날 덴마크 시내에서는 유모차를 밀고 아이를 등교시키는 아빠들을 쉽게 찾아볼 수 있다. 회사도 남성들이 가정에 충실할 경우 삶의 만족도가 높아져서 업무 능률이 올라가는 것을 실감하고는 남성 직원이 육아에 참여하도록 적극적으로 돕고 있다.

육아로 지친 엄마, 가족에게서 소외된 아빠가 즐비한 오늘의 한국 사회. 우리도 아빠에게 '육아의 권리, 육아의 행복'을 돌려줘야 하지 않을까?

## 유치원은 꿈꾸는 아이들의
## 놀이터다

덴마크 유치원은 아침 일찍 문을 연다. 7시 내외로 문을 여는 곳이 많다. 하지만 아이들의 일과가 아침 일찍부터 돌아가는 것은 아니다. 부모의 출근 시간에 맞춰 유치원 문을 열 뿐이다. 덴마크에 있는 유치원 대부분은 일일 시간표가 없다. 그렇다고 색다른 학습 프로그램이 있는 것도 아니다. 그럼에도 유치원의 모든 일상은 특별한 나날이다. 시간에 아이를 맞추는 것이 아니라 아이에 맞춰 활동 시간을 탄력적으로 운영한다. 아이들이 즐겁게 노는 것 자체가 학습이라고 생각한다. 선생님들은 아이들이 자유롭게 잘 놀 수 있도록 공간과 시간을 제공한다.

덴마크 부모는 아이를 생후 6개월부터 보육 기관에 보낼 수 있다. 맞벌이 부부가 많은 현실을 감안한 제도이다. 우리나라는 엄마가 복직하고 싶어도 아이를 어떻게 해야 할지 몰라 고민하게 된다. 어린이집에 보내기에는 너무 어리고, 보모를 구하기도 만만치 않다. 조부모에게 맡기는 것이 안전하다고 하지만 그들이 썩 달가워하지도 않고, 여러 가지 부담에서 벗어날 수 없다.

덴마크에서는 이런 고민을 할 필요가 없다. 부모는 직장에 복직하기 전 주소지 관할 구청에 유아원 배정을 신청하면 된다. 그러면 구청은 집에서 가장 가까운 곳에 있는 유아원을 배정해 준다.[10] 유아원은 걸어갈 수 있는 거리에 있으며, 시설이 좋다. 건물 주변에 운동장이나 잔디밭이 있어 친자연적이다. 실내에도 아이들의 장난감이 잘 구비되어 있고, 다양한 활동을 할 수 있는 공간이 있다.

유아원에는 비전문직 근무자와 전문 보육교사가 함께 근무한다. 비전문 근무자는 주로 시청에서 소개받아 온 젊은 사람들이다. 전문 보육교사는 3년 이상의 훈련 과정을 거쳐 자격을 갖추고 있으며 지속적으로 보수 교육을 받는다. 전문 교사는 아이들의 독창성, 적응력, 언어, 체력, 건강 등의 관리에 관한 교육을 받아, 현장에서 항상 관심을 기울여 아이를 살핀다. 교사 1명당 아이 4명을 돌보는데, 아이들의 여러 변화와 성장을 수시로 관찰하여 부모와 정보를 공유하고 필요에 따라 상담하기도 한다. 장애를 가진 아이는 특별히 관리한다. 언어장애가 있는 아이에게는 전담 언어 교사가 배정되어 3세까지 아이를 돕고 교육한다.

아이들이 많은 시설을 꺼린다면 '개인 보모'에게 맡길 수 있다. 개인 보모는 소정의 자격을 갖춘 뒤 자기 집에서 3~4명의 아이를 돌본다. 시에서는 까다로운 조건과 규정을 두어 수시로 점검한다. 부모는 아이의 특성과 자신의 교육철학에 따라 시설에 보내든 개인 보모에게 맡기든 자유롭게 선택할 수 있다. 비용은 시설에 보내는 것과 같은 수준이다. 개인 보모는 시청이나 구청에서 월급을 받는다.[11]

마지막으로 덴마크 부모들이 선택할 수 있는 곳은 회사 내에 있는 유아·유치원이다. 국가는 회사가 유아·유치원을 운영할 수 있도록 많은 지원을 하고 있다. 회사도 사원의 육아 복지가 업무 효율성에 많은 영향을 끼치는 것을 알기에 회사 내 육아 시설을 마련하고 있다. 부모들은 아침에 출근하면서 아이를 회사 내 육아 시설에 맡겼다가 퇴근 때 데려간다. 덴마크 아이들 중에서 돌을 지난 아동의 60퍼센트, 4세 이상 아동의 80퍼센트가 이와 같은 사회에서 제공한 시설에서 보살핌을 받고 있다.

유아·유치원은 의무교육 대상이 아니다. 부모들은 일정 금액의 비용을 지불해야 한다. 국가가 기본적으로 75퍼센트를 지급한다. 나머지 25퍼센트는 부모가 내야 하는데 가정 형편이 좋지

않으면 국가가 전액 지원하기도 한다. 부모들은 원비를 유아원이
나 유치원에 직접 내지 않는다. 원비는 세금을 내듯이 시청이나
구청에 낸다. 교사들의 급여도 원장이 주는 것이 아니라 시나 구
에서 지급한다.

국가는 지속적인 교사 교육과 시설 점검 등을 통하여 문제
발생을 미연에 방지하려고 노력한다. 부모들은 대체로 교사들을
신뢰하며, 교사들은 책임감을 가지고 아이들을 돌본다. 육아 기
간에 아이가 아프면 부모는 아이를 위해 각각 12주씩 유급휴가를
낼 수 있다. 부부의 유급휴가를 합치면 24주가 된다.[12]

덴마크의 유아 교육은 신체적 발달과 더불어 정신적 발달
에 중점을 둔다. 우리나라처럼 초등학교를 진학하기 위한 준비
단계 정도로 생각하지 않는다. 미숙한 존재인 아이들을 성숙한
교사가 가르쳐 성장시켜야 한다고 생각하지 않는다. 아이들이 자
기의 연령에 맞춰 정신적, 신체적, 정서적 발달을 자연스럽게 겪
는 것이 무엇보다 중요하다고 믿는다. 그래서 아이들에게 온전한
인격체로서 주체적으로 살아가는 법을 어릴 때부터 가르친다.

덴마크 유치원 교실을 들여다보면 어린 유아 6명과 6세까
지 아이 10명, 그리고 보육교사 4명이 한 반을 이룬다. 아이들의
연령이 다양하고 보육교사가 4명이나 된다는 것이 흥미롭다. 아

이들은 다양한 연령 속에서 자연스럽게 형제자매의 역할을 익힌다. 모든 아이들은 매주 순서를 정하여 장을 보고 다음 날 점심을 준비한다. 고사리 같은 손으로 하는 일이라 제대로 될 리 없고 도리어 손이 더 많이 가지만 그것 자체를 중요한 교육이라 여긴다. 금요일에는 다 함께 청소하는 시간이 있다. 아이들은 아장아장 걸어 다니며 청소를 한다. 떨어진 물건을 집기도 힘들고 청소 도구 하나 들기도 어렵지만 아이들은 나름대로 진지하고 성실하게 한다. 교사들은 더 신경 써야 하고 손도 몇 배가 더 간다. 하지만 이 과정 자체가 중요한 교육이다. 가족 구성원으로서 정체성을 알아 가고 서로의 역할을 존중하며 협력할 수 있는 힘을 키운다.

바깥 활동은 유치원의 중요한 교육 활동이다. 날씨에 크게 구애받지 않고 숲이나 농장으로 야외 활동을 나간다. 아이들은 식물의 생장을 보고 느끼며, 계절에 따른 다양한 놀이를 스스로 만들어 서로 어울려 논다. 교사는 잘 꾸며진 인위적인 프로그램을 운영하지 않는다. 아이들 스스로 방법을 찾아서 노는 것이 일반적이다. 교사는 아이들이 하는 놀이를 잘 관찰하고, 도울 것이 있으면 아이의 생각을 중시하면서 넌지시 돕는다. 덴마크에는 특히 숲 유치원이 보편화되어 있다.[13] 숲 유치원은 우리나라에서도 점차 설립되고 있다. 아이들은 숲에서 나뭇잎을 주워 모으며 놀고, 숲의 변화와 동물의 움직임을 보고 느끼는 등 살아 있는 교육을 체험한다.

유아·유치원 내부에서도 놀이가 활동의 중심이다. 아이들의 일은 노는 것이며, 교사는 아이들이 잘 놀 수 있도록 도와야 한다고 믿는다. 부모들은 아이들이 무엇을 배웠는지, 얼마나 잘 하는지에 큰 관심이 없다. 아이가 자기 나이에 맞는 신체적, 정서적 발달을 하고 있으면 충분하다고 생각한다. 그리고 아이가 자신의 관심사를 따라 잘 놀 수 있다면 더 바라지 않는다.

덴마크 사회는 아이를 가진 부모를 특별히 배려한다. 아이 때문에 눈치 보며 가지 못할 곳이 없고, 아이 때문에 못 할 일도 없다. 식당처럼 사람들이 많이 모이는 장소에도 유모차를 끌고 망설임 없이 갈 수 있다. 아이들도 함부로 뛰거나 난장판을 만들지 않는다. 혹 아이가 소란스럽게 하면 누구든지 자연스럽게 제지할 수 있다. 공공질서는 어른이든 아이든 모두가 지켜야 한다고 생각하기 때문이다. 아이를 돌보는 일차적 책임은 부모에게 있지만 사회 전체가 아이를 돌보는 분위기다. 국가는 제도적으로 뒷받침하고 사회 구성원들은 아이와 부모를 배려하고 이해함으로써 함께 자녀를 키워 낸다.

## 덴마크인은 공교육을 신뢰한다
### : 폴케스콜레

　　우리나라의 교육 열풍은 외국에서도 유명하다. 유명 인사들이 한국의 교육을 거듭 칭찬하고 자국의 모델로 삼고자 한다. 하지만 정작 그들이 한국의 고등학교 교실에 들어간다면 어떤 반응을 보일까? 핀란드 학생들이 한국 학교를 방문한 적이 있다. 그들은 책상에 엎드려 자고 있는 학생들을 보고 깜짝 놀랐다고 한다. '잠은 집에서 자야 하는데 학교에서 자다니…….' 그들은 우리나라 교실에서 일어나는 일을 도저히 이해하지 못했다. 해외에서 바라보는 한국 교육과 실제 우리 학교 교실에서 벌어지는 모습 사이에는 이처럼 큰 괴리가 있다.

　　서울대 사회발전연구소와 조선일보가 공동 실시한 '광복 70주년 국민의식 조사'에 따르면 우리 국민의 공교육 만족도는

38.4퍼센트에 머물렀다. 반면 불만족은 두 배에 가까운 61.6퍼센트였다. 교육을 시키는 부모 세대는 불만족 응답률이 낮지만 젊은 세대에서는 불만족이 매우 높게 나타났다. 국민의 63퍼센트는 교육 기회의 평등을 위해 평준화를 강화해야 한다고 응답했다.[14] 평준화 강화의 요구는 갈수록 커지는 추세다. 그리고 학부모가 학교에 바라는 것은 모든 학생들이 학력 목표에 도달하는 것, 그리고 학생의 희망과 적성에 맞는 교육 제공이다. 엄청난 교육비를 지불하면서도 자녀나 부모 모두 만족하지 못하고, 더구나 교육에 있어 가장 기본적인 것마저 충족하지 못하는 현실이 매우 안타깝다.

행복한 나라 덴마크의 공교육은 어떨까?

덴마크 공교육 역사는 독일의 종교개혁가 루터의 영향으로 16세기부터 시작된다. 하지만 이것은 전 국민을 대상으로 확대되지 못하고 귀족과 일부 엘리트를 위한 교육제도로 발전하는 데 그쳤다. 그러다가 1814년 '일반 교육법'을 도입하면서 7세부터 14세까지의 아동이면 누구나 무상으로 교육받을 수 있는 실제적인 의무교육을 세계 최초로 실시했다. 국가 재정이 넉넉해 실행한 것이 아니다. 국가의 형편이 어려움에도 불구하고 미래를 여는 열쇠가 교육에 있다고 보고 과감하게 정책을 결정한 것이다.[15]

덴마크의 의무교육은 국가가 지정한 학교에 의무적으로 출석해야 한다는 의미가 아니다. 말 그대로 학령기의 아동들이 어떤 형태로든지 교육받을 수 있도록 국가와 지자체 그리고 학부모가 협력해야 한다는 것이다. 학부모가 제도권 공교육에 아이를 보내지 않고 다른 기관이나 심지어 가정에서 교육을 실시하더라도 국가가 제시하는 일정한 기준을 채우기만 하면 전혀 문제되지 않는다. 덴마크는 공교육 제도와 의무교육 제도가 가장 먼저 실시되었음에도 불구하고, 이처럼 가장 자유로운 교육제도 위에서 다양한 교육 방법을 적용하고 있다.

덴마크 학제는 우리나라와 많이 다르다. 유럽의 주변 국가와도 차이가 있다. 가장 큰 특징은 두 개의 공식 체계를 가지고 있다는 점이다. 국가의 공적 지원을 받아 교육하는 공립학교, 즉 폴케스콜레(folkeskole)와 대안교육을 하는 자유학교, 즉 프리스콜레(friskole)가 있다.

이 중에서 공립학교를 지원하는 기관은 정부 기관인 교육부와 지방자치 기관으로 구분된다. 두 기관은 역할이 분명하면서 각각 자율성을 충분히 가지고 있어, 지역과 상황에 맞는 교육을 할 수 있도록 협력하여 지원하고 있다. 교육부는 다른 나라처럼 일차적으로 국가 차원의 교육목표를 수립한다.

덴마크 공립학교법에 적시된 교육의 목적 중에서 주요 사항들을 소개하면 다음과 같다.

1. 부모와 협력하여 학생에게 지식과 기술을 제공하고, 양질의
   교육을 받을 수 있게 해야 한다.
2. 다양한 교수법을 계발하여 학생이 상상력을 발달시키고 자신
   의 가능성을 확인할 수 있도록 도와야 한다.
3. 학생이 자유와 민주주의에 토대를 둔 사회 안에서 참여 의식,
   책임감, 권리와 의무를 행사할 수 있게 준비시켜야 한다.

이에 따라 국가는 공립학교에 아래와 같은 교육목표 3가지
를 제시하고 있다.

1. 학교는 학생이 자신의 가능성에 도달할 수 있도록 도와야 한
   다.
2. 학교는 학생의 사회적 배경과 학습 결과의 중요도를 낮춰야
   한다.
3. 학교는 운영의 전문성과 실습을 통해서 학교의 신뢰도와 학
   생 복지를 향상시켜야 한다.[16]

덴마크의 교육목표에서 놀라운 것은, 국가가 지향하는 교

육의 도달점이 보다 높은 수준이 아니라 기초 수준에 맞춰져 있다는 사실이다. 평범한 아이라면 다른 사람의 특별한 지원 없이도 누구나 성취 가능한 수준이다. 덴마크는 도달점 그 자체가 아니라 목표를 향해 나아가는 과정을 더 중요하게 여긴다. 학생 모두가 가치 있는 존재로서 서로 다른 개성과 능력을 가지고 있으므로, 그들이 서로를 인정하고 협력함으로써 주어진 목표를 함께 이루어 가는 것이 중요하다고 생각한다.

　반면 우리나라의 교육 수준 및 도달점은 상당히 높다. 우리나라 중학생의 상당수는 수학 교과에서 다른 나라 고등학교 수준을 능가한다. 교육 당국은 이것을 자랑스럽게 생각하고 도달점을 더 높이려고 하기도 했다. 하지만 타고난 능력과 충분한 노력, 그리고 외적 환경이 뒷받침해 주지 않으면 그 목표를 성취하기 쉽지 않다. 밤늦도록 학원에서 공부하거나 열심히 학습지를 풀어야 겨우 따라갈 수 있다. 학생들은 과중한 과외 공부에 시달려서, 혹은 일찌감치 학업을 포기해서 책상에 엎드려 잠을 자는 것인지도 모른다. 이런 학생들에게 친구들과 함께 과제를 해결하는 프로젝트 수업은 가장 피하고 싶은 수업이 될 수밖에 없다. 혼자서 공부하는 것이 가장 편하고, 경쟁적으로 교육에 임할 때 가장 성과가 좋게 나타난다는 생각이 교육 전반에 깔려 있다. 교육목표에 이르는 과정보다 그 결과만이 우리 삶의 성적표로 나타나니, 당연히 더 나은 결과를 위한 피 터지는 경쟁이 일어날 수밖에 없다.

덴마크 교육부는 교육목표에 따른 각 과목의 학습 성취도를 정하고 교육과정을 만들어 제시한다. 하지만 이것은 권고 수준으로, 학교에서 강제적으로 따를 필요는 없다. 교육부가 제시해 준 범위에서 벗어나지 않는 한, 학교 나름의 독자적인 교육과정을 수립하여 실행할 수 있다. 교육부는 이 외에도 정부 교부금을 배부하며, 교육에 필요한 법령을 만들거나 개정하여 학교를 지원한다.

학교 현장에서 좋은 교육이 시행되도록 구체적으로 돕는 곳은 지방자치 기관이다. 국가가 세운 교육목표와 교육과정이 공립학교에서 효과적으로 성취되도록 실질적인 지원을 하며, 학부모와 교사 그리고 교육 전문가를 중심으로 위원회를 구성하여 일선 학교를 감독한다. 감독이라 해도 강압적이거나 권위적이지 않다. 일선 학교가 교육을 실행하는 데 문제나 어려움이 있으면 지방자치 기관은 교육 현장을 돕는 기관으로서 책임감을 가지고 협력을 아끼지 않는다. 신속하고 적절한 협력을 통하여 문제를 함께 타개해 나간다. 전국의 지방자치 기관은 국가로부터 독립성과 자율성을 보장받아 일선 학교의 지근거리에서 실질적이고 효과적인 정책을 수립하고 실행하는 데 심혈을 기울인다.

학교 운영의 주체는 교장이 아니다. 학교 운영 위원회가 학교를 운영하는 실제적인 주체이다. 학교마다 조금씩 차이가 있지만 학교 운영 위원회는 학부모회에서 선출한 학부모 대표, 학생회에서 뽑힌 학생 대표 2명, 그리고 교사 대표로 10명 내외로 구성된다. 위원장은 학부모 대표가 맡는다. 교장과 교감은 발언권은 갖지만 의결권은 없으며, 운영 위원회에서 주로 간사로 봉사한다.[17] 특이한 것은 학생 대표가 위원회에 포함된다는 사실이다. 덴마크 사회가 아이들에게도 얼마나 책임감과 자율성을 부여하는지 알 수 있다. 학교 운영 위원회는 지방자치 기관의 감독하에 수업 일수, 교육과정, 행사, 예산, 교칙, 교사 업무 분담 등 학교 운영의 전반을 자율적으로 결정한다. 그리고 교장은 학교 운영 위원회에서 결정된 것을 리더십을 가지고 이행해야 한다.

폴케스콜레는 덴마크의 일반적인 공교육 기관이다. 우리나라의 초등학교와 중학교 과정에 해당하는 9년제 의무교육 기관이다. 수업은 보통 8시에 시작하여 오후 3시 정도에 모두 마친다. 덴마크 아이들은 7살이 되면 8월부터 폴케스콜레에 다닐 수 있다는 취학 통지서를 받는다. 꼭 집 근처의 학교에 다닐 필요는 없다. 부모와 자녀의 생각에 따라 지역을 벗어나 원하는 학교에 다닐 수 있다. 그리고 6살 때부터 이른바 0학년이라고 부르는 취학 전 학교생활을 시작하는 아이들도 있다. 0학년은 의무교육은 아니다. 우리나라의 유치원과 비슷한 과정으로, 원하는 학생은 다 닐 수 있다.

덴마크는 공교육에 대한 신뢰와 만족도가 가장 높은 나라 중 하나다. 70퍼센트 이상이 공교육에 만족을 표한다. 교육을 최고의 가치로 생각하는 사회의식, 다양한 교육 선택권, 누구나 따라갈 수 있는 교육목표, 함께 만들어 가는 교육과정, 사회 구성원 모두가 협력하는 교육 구조 등으로 인해 덴마크 교육은 국민 대다수로부터 인정을 받고 있다. 반면 우리나라는 어떤가. 많은 나라가 부러워하는 교육 선진국이라고 자평하고 있지만, 실상은 속으로 곪아 신음하고 있다. 이런 한국 교육의 문제를 해결하기 위해서는, 소리 없이 강한 덴마크 교육의 속내를 살펴봐야만 한다.

# 부모가 직접 세우는 자유학교
## : 프리스콜레

"아빠, 저 학교 자퇴하면 안 돼요?"

필자는 아들의 갑작스러운 말에 깜짝 놀랐다. 학교에서 반장을 하면서 친구 관계도 원만하고 선생님들로부터 칭찬받는 아들인 줄 알았는데 갑자기 자퇴라니. 아들은 고등학교에 들어가서 학교에서 저녁까지 먹으며 중학교 때와 다르게 아주 열심히 공부했다. 그런데 2학기에 들어서는 저녁을 먹지 않고 바로 집에 왔다. 이유를 들어 보니 가관이다. 학교에서 성적이 상위 10퍼센트 안에 드는 아이들만을 위한 특별반을 만들어, 다른 교실과 비교될 만큼 좋은 시설의 교실에, 맛있는 간식을 제공하며 자율학습을 시킨다. 내 아들을 포함한 대다수의 아이들은 그저 그런 교실에서 간식도 없이, 놀고 싶은 마음과 싸우며 자율학습을 했다.

게다가 학교에서 토론대회가 열렸는데 자기가 속한 팀이 현저히 잘했음에도 불구하고 특별반 아이들이 주요 상을 모두 휩쓸어 갔다는 것이다. 비단 이번만 그런 것이 아니라 교내 대회의 대부분이 이런 실정이라 했다. 아들은 부당하게 차별하는 학교에 더 이상 다니고 싶지 않다고 했다. 결국 아들은 1학년을 마무리한 후 대안학교에 1학년으로 입학했다.

덴마크는 프리스콜레, 즉 자유학교가 일반화된 나라다. 자유학교는 우리나라의 대안학교와 비슷한 개념이지만, 국가가 보호하고 지원하는 점이 우리와 다르다. 덴마크의 자유학교는 대부분 그룬트비와 크리스텐 콜의 사상을 이어받았다. 이 학교들은 보통 8시에 전교생이 강당에 모여 〈공동체 노래〉를 부르는 것으로 하루를 시작한다. '살아 있는 말과 노래'를 교육의 핵심으로 삼아, 말하고 듣고 토론하는 방식으로 교육한다.

덴마크 자유학교의 역사는 꽤 깊다. 그룬트비는 일찍이 자녀를 부모 자신의 교육 이념과 방법에 따라 교육해야 한다고 주장했다. 앞서 잠깐 살펴보았듯, 그는 자신의 교육 사상을 관철시키기 위해 정치 활동을 적극적으로 했다. 1855년, 그의 신념을 바탕으로 한 자유학교법 제정이 대표적인 업적이다. 이 법에 기초해, 같은 생각을 가진 일정 수의 사람들이 모이면 그들의 사상과 신념에 따라 학교를 설립할 수 있게 되었다.

하지만 뜻이 있어 학교를 세운다고 교육이 다 되는 것은 아니다. 교육을 하기 위해서는 재정이 필요하다. 자유학교를 세울 수 있는 법적 기반은 마련하였지만 운영을 위한 재정 마련은 또 넘어야 할 산이었다. 그룬트비와 콜은 부모의 완전한 교육 권리 행사를 위해 '좋은 학교를 운영할 수 있는 자유, 관심, 돈을 달라고 의회로 가서 이야기하자'고 외쳤다. 더 나은 교육을 위해서 시민들이 적극적으로 교육운동을 해야 한다는 것이다. 50여 년이 지난 1908년, 의회는 자유학교 재정 지원에 관한 법을 통과시켰다. 학교를 세우고 50년이 넘는 기간 동안 자유로운 교육을 원하는 부모들이 그 가치와 필요성을 주장하고 요구한 결과였다. 부모는 경제 상황과 상관없이 자녀 교육의 이념과 방법을 선택할 수 있는 자유를 얻게 된 것이다.

지난 2016년 한국을 방문한 덴마크 자유학교협회 피터 B. 피더슨 회장은 "중앙정부나 지방정부가 어떤 일을 해 주기를 기다리지 말고, 해결해야 할 일이 생겼을 때 스스로 나서서 먼저 문제를 해결하기 위한 노력을 시작하라"고 조언했다. 덴마크 자유학교 역시 큰 재정적 어려움도 직면했고 지식과 경험이 부족하기도 했지만, 구성원들이 적극적으로 해야 할 일을 함으로써 지금에 이르렀다는 것이다.[18]

혹자는 이렇게 말할 수 있다. "부모가 선호하는 교육 방법으로 교육하기 원한다면 마땅히 자기 비용으로 해야 되는 것이 아닌가?" 이에 대해 덴마크 기독교 자유학교협회 사무총장인 한스 한센이 대답한다. "만약 학부모의 학비 부담이 고소득층만이 감당할 수 있는 수준이라면, 그 학교는 더 이상 모두를 위한 학교가 아니다."[19] 덴마크 사회가 생각하는 교육이란, 개인적인 것이 아니며 하나님이 주신 고유한 권리다. 그래서 부모는 책임을 맡은 자로서 자녀들에게 최선의 교육을 제공해야 하고, 국가는 부모가 선택한 교육을 실행할 수 있게끔 교육의 자유를 부여하고 재정을 책임져야 한다고 믿는다.

덴마크에서는 뜻을 같이하는 부모들이 모여 학교를 설립할 수 있다. 이렇게 설립되는 것이 자유학교의 가장 일반적인 형태이다. 첫 해 학생 수가 12명이 되면 국가는 교사 급여를 포함해 학교 운영비의 75퍼센트 정도를 지원한다. 단, 학교를 개인의 이익을 위해 운영해서는 안 되며, 오직 순수하게 비영리로 운영해야 하고, 한 개인이 학교를 소유할 수도 없다.[20]

덴마크 정부는 헌법에 명시한 자유를 보장하고, 자유학교에 재정 지원을 아끼지 않는다. 학부모가 기독교인이건, 이슬람 신자이건, 무신론자이건, 같은 신념을 가진 사람들이 모여서 학교를 세울 수 있는 자유를 보장한다. 자유학교 학생들은 공교육 학생들의 교육 수준에 이르기만 하면 자유롭게 교육 방식을 선택할 수 있다. 특정한 교육적 조건을 갖추지 않은 자라도 학교가 심사하여 교직원으로 고용할 수 있다. 학부모들이 학교를 선택할 권리를 지닌 것처럼, 학교 또한 학교의 교육 이념이나 규칙을 따르지 않는 학생을 받지 않을 자유를 지닌다. 이처럼 자유학교는 국가로부터 재정 보조를 받으면서도 충분한 자율성을 지닌다.

　　자유학교의 교육과정은 국가 교육과정을 따르거나 공립학교 교육을 모방할 필요가 없다. 자신들의 가치와 신념에 따라 교육과정을 구성한다. 학교는 자율성을 바탕으로 어떤 교육이라도 소신을 가지고 다양한 방법으로 펼쳐 나갈 수 있다. 단 학교는 교육과정을 공개해야 하며, 학생들이 졸업 후 덴마크 사회에 적응하여 어엿한 구성원으로 성장하는 데 어려움이 없게 해야 한다. 아무리 다양성을 존중한다 해도 비정상적으로 교육하거나 반사회적 행동을 일으키게 하는 교육 방식은 허용하지 않는다.


　　현재 프리스콜레 학생의 수는 학령기 전체의 18~20퍼센트를 차지한다. 프리스콜레는 단순히 공교육을 보완하거나 대신하는 학교가 아니다. 새로운 것을 찾아나서는 도전과 모험을 두려워하지 않는 학교다. 학부모의 신념이나 아이들의 특성, 그리고 새로운 교육 방법을 찾아 나선 또 다른 중심 교육인 것이다. 프리스콜레는 근래에 학생 수가 꾸준히 늘어나고 있다. 작은 학교를 없애는 국가 정책에 의해 학생 수 200명 이하의 학교가 없어지고, 그 자리에 뜻있는 학부모들을 중심으로 한 프리스콜레가 속속 세워지고 있다.

하지만 새로운 교육, 실험적 교육을 지향하는 프리스콜레가 처음부터 안정적으로 발달해 온 것은 아니다. 역사를 살펴보면 끊임없이 도전을 받아 왔고 지금도 새로운 도전을 받고 있다. 근래 덴마크는 국제학업성취도평가, 즉 PISA에서 좋은 평가를 받지 못하였다. 간신히 평균에 머물자 여론은 학교 시스템에 문제를 제기하고 있다. 다른 나라와 비교하여 더 나은 결과를 바라는 것은 모든 나라들의 바람일 것이다. 덴마크도 이런 여론에서 비켜날 수는 없다.

자유학교 담당자들은 국제학업성취도평가가 '평가'하지 못하는 것이 있다고 말한다. 학생들이 행복한 마음으로 수업에 임하고, 결과에 매이지 않고 자유롭게 자신의 길을 찾아가는 것은 수치로 표시할 수 없다는 것이다. 자유학교협회 피더슨 회장은 "덴마크 학교 시스템은 측정할 수 없는 가치 위에 세워졌다. 덴마크 자유학교의 교육은 용기, 협력, 민주적 책무성, 합의, 다양성, 존중, 책임, 창조성, 혁신과 같은 가치 실현을 목표로 한다. 이런 가치는 시험의 압박과 평가 가능한 교육으로 인해 위협받고 있다"고 말했다.[21] 평가가 교육의 참된 가치를 '평가'할 수 없으며, 심지어 평가에 의해 참된 가치가 위협을 받고 있다는 말은, 평가에 절어 있는 우리 교육계에서 깊이 새겨 보아야 한다.

　　우리나라에서는 2007년에 이르러서야 교육의 다양성 요구에 의해 '대안학교의 설립·운영에 관한 규정'이 만들어졌다. 그 후 짧은 기간 동안 많은 발전을 이루고 있다. 덴마크의 경우 자유학교가 학부모 중심으로 세워진 반면, 우리나라는 종교단체나 법인 중심으로 세워져 운영되고 있다. 그래서 학부모의 필요와 뜻에 따라 운영되기보다 학교를 세운 단체나 법인의 목적에 맞게 운영되고 있는 실정이다. 이것은 빠른 성장과 안정이라는 긍정적인 결과도 낳았지만, 부모들의 요구를 포함한 다양성과 자율성을 충분히 보장하지 못하는 한계도 있다. 그리고 무엇보다 한국의 대안학교는 아직까지 사회의 주류 교육으로 인정받지 못하고 있는 게 현실이다. 정부도 대안학교의 필요성을 인정하지만 구체적으로 어떻게 정책을 펼쳐야 할지, 쉽게 그 길을 찾지 못하는 모양이다.

　　다가오는 미래 사회에서는 경쟁 중심의 교육이 아니라 다양성과 자율성이 존중되는 공동체 중심의 교육이 펼쳐질 것이다.

아니 이미 그런 사회가 우리 턱밑에 와 있다. 그런 의미에서 우리 사회는 좀 더 넓은 안목으로 대안학교를 바라보고 성장시켜야 한다. 개인의 지향과 관심이 바탕이 된 공동체 교육은, 경쟁으로 산산이 부서진 우리 시대를 치유할 대안이다.

## 잠시 쉬었다 가도 괜찮아
## : 에프터스콜레

　필자의 아들은 덴마크에 있는 쉬드베스트윌란 에프터스콜레에 1년 동안 있었다. 거기서 하고 싶은 음악 공부를 하며 행복한 시간을 보냈다. 음악 과정에 들어간 아들은 덴마크 학생들과 함께 음악 무대를 직접 기획하여 발표회를 가졌다. 한국에서 배운 기타 실력으로 자주 무대에 올랐던 모양이다. 완벽하게 갖춰진 무대에서 하는 발표회도 있었지만, 학생들끼리 함께하는 작은 무대가 더 많았다. 소박하여 누구든지 쉽게 설 수 있는 무대라 했다. 아들은 에프터스콜레에서 음악 활동을 하며, 그것이 자기가 생각했던 것만큼 정말 행복한지를 느껴 보았다. 그러고는 1년 동인의 경험을 종합하여 판단한 결과, 좋아하는 음악은 앞으로도 계속하겠지만 전공으로 삼을 마음은 접었다.

라르스 뢰케 라스무센 덴마크 총리가 2016년 우리나라를 방문하여 강화도에 있는 '꿈틀리 인생학교'를 찾았다. 이 학교는 「오마이뉴스」 오연호 대표가 덴마크 사회를 돌아보고 와서 세운 한국형 에프터스콜레다. 덴마크 총리는 그 자리에서 자신의 아들도 덴마크에 있는 에프터스콜레에 다녔다고 이야기하면서, 에프터스콜레 학생들은 "다수의 흐름에서 벗어나 있을지는 몰라도 결국 다른 이들을 위한 길을 닦고 있는 셈"이라고 말했다. 그러면서 "세상은 여러분과 같은 사람을 필요로 한다. 새로운 것을 시도할 준비가 돼 있는 사람들, 틀에 박힌 사고방식에서 벗어나 생각하는 사람들을 원한다"라고 했다.[22]

에프터스콜레는 덴마크가 가지고 있는 특별한 교육제도다. 1년 동안 기숙 생활을 하면서 자신의 특기나 흥미에 주목하여 '인생을 어떻게 살 것인가?'를 고민하고 미래를 그려 나가는 인생학교임과 동시에, 졸업 시험도 준비할 수 있는 학교이다. 폴케스콜레 8학년 학생들은 9학년으로 올라가기 전, 계속하여 폴케스콜레의 9학년 과정을 이수할지, 에프터스콜레의 9학년으로 진학할지 결정할 수 있다. 이 학생들은 에프터스콜레를 1~2년 과정으로 다닐 수 있다. 폴케스콜레에서 9년 과정을 마친 학생들은 에프터스콜레에 진학하거나, 고등학교 격인 김나지움에 바로 진학할 수 있다.

학생들이 기숙학교인 에프터스콜레로 진학하는 데는 다양한 이유가 있다. 우선 폴케스콜레를 졸업했지만 자신의 진로를 어느 분야로 해야 할지 결정하지 못한 경우다. 인문학을 공부하는 김나지움으로 가야 할지, 기술학교나 직업학교로 진학해야 할지 결정을 내리지 못했을 때 에프터스콜레에서 그 길을 탐색하는 기회를 가진다. 자신의 모습을 찬찬히 살피면서 자신이 좋아하고 가치 있게 생각하는 것이 무엇인지 찾아 진로를 결정한다.

상급학교로 진학하기 위해 실력을 더 쌓고자 에프터스콜레에 진학하는 경우도 있다. 이전 폴케스콜레에서 배웠던 것을 더 심화함과 더불어, 상급학교에 들어가기 위해 학업을 더 깊고 넓게 닦는 시간을 가진다. 또 어떤 학생들은 친구들과 어울리는 공동체 생활을 원해서 진학하기도 한다. 부모의 품을 떠나 또래 친구들과 어울리면서 함께 살아가는 법을 배우는 것이다.

요즘에는 에프터스콜레를 졸업한 친구가 추천하여 입학하는 학생들도 늘어나고 있다. 아이들이 무작정 앞만 보고 달리는 것이 아니라 옆에 있는 친구들에게 관심을 보이며 함께 살아가는 법을 배우고, 자신의 내면을 들여다보며 자신이 진정 무엇을 원하는지, 그리고 어떻게 해야 하는지를 곰곰이 탐색하는 시간을 가진다. 한국 학부모들이 보면 허비하는 시간인 것 같지만, 창창한 인생을 준비하는 이들에게는 그 인생이라는 토양 속에 더 깊이 더 넓게 뿌리를 뻗는 시간이다.

에프터스콜레는 교육과정에 따라 여러 종류가 있다. 음악·미술에 중점을 두는 예술 전문학교, 축구·배구·핸드볼 등이 중심이 되는 스포츠 전문학교, 야외 활동을 하는 자연 중심 학교 등이 있다. 이 외에도 승마, 무용, 공연 등 자신에게 맞는 활동을 선택하여 배울 수 있다. 이렇게 1~2년 동안 필수과목과 함께 자기의 관심사나 특기에 맞춰 선택한 과목을 이수하며 시간을 보낸다.

필자의 아들이 다녔던 브라밍에 있는 쉬드베스트윌란 에프터스콜레는 아침 7시 10분에 일과를 시작한다. 7시 25분까지 개인별로 조깅을 마친 후 아침밥을 먹는다. 8시에 수업을 시작하는데 월요일 오전 1~4교시에는 보통 과학, 수학, 영어 등 필수과목을 듣는다. 화요일과 목요일에는 '프로젝트 10' 수업을 듣는다. 이 시간에는 여러 가지 프로젝트를 진행하는데, 자기 자신이나 책을 프리젠테이션하고 장래 희망을 스스로 기획해서 체험하는 등 다양한 프로젝트를 수행한다. 수학은 필수로 들어야 하며 과학, 영어, 독일어 중 2개 과목을 선택해 듣는다.

1~2교시가 끝난 후 간식 시간이 있다. 갓 구운 빵과 햄, 버터 등이 나온다. 10시 20분부터 뉴스를 시청하고, 10분 정도 예배를 드린다. 이 시간에 노래를 배우거나 선생님의 신앙적 경험을 듣는다. 11시에 3교시 수업을 시작해 6교시까지 일반 교과 수

업을 듣고 7교시부터 10교시까지는 자기가 선택한 수업을 듣는다. 필자의 아들은 이 시간에 음악, 배구, 밴드 수업을 들었다. 이 수업을 통해 자기의 특기를 심화할 수 있었다. 대부분 수업은 교사가 이끌어 가기보다 학생들이 직접 기획하고 체험하며 지식을 스스로 깨치는 방식이다. 금요일엔 점심을 먹고 대청소를 한 뒤 노래를 배운다. 그 후 집에 갈 사람은 집에 가고 학교에 남을 사람들은 남아 그들을 위한 프로그램에 참여한다.

에프터스콜레가 가진 장점 가운데 가장 중요한 것은 바로 기숙사 생활을 통해 다듬어지는 관계 형성이다. 에프터스콜레에서는 3명 내외가 한 방에서 생활한다. 학생들은 음식을 만드는 일을 서로 돕고, 설거지를 하며, 청소와 빨래도 직접 해야 한다.

특히 교사와 학생들의 관계는 각별하다. 교사는 공적인 시간에만 학생들을 만나는 것이 아니다. 아침에 일어나서부터 잠자리에 들 때까지 거의 종일 학생들을 돌보고 대화하며 함께한다. 공식적인 시간뿐 아니라 비공식적인 시간에도 자유롭게 만나 토론하기 때문에 수직적 관계에서 벗어나 개인적으로 친밀하다. 이것은 교육운동가 콜의 사상이 반영된 결과이기도 하다. 콜은 그룬트비의 사상을 이어받아 실제로 학교를 설립하고 교육체계로 발전시킨 사람이다. 그는 학생들과 숙식을 함께하면서 끊임없는 토론으로 그들의 생각을 깨우쳐 나갔다. 에프터스콜레 교사들은 단순히 학과를 가르치는 강사가 아니라, 학생들로 하여금 학문과 사회성을 강화하고 독립적이고 성숙한 사람이 되도록 지근에서 도와주는 인생 선생님이다.

우리 학부모들은 이렇게 생각할 것이다. 아이들이 자라는 데 이런 시간이 필요할까? 시간 낭비, 재정 낭비는 아닐까? 세상은 쉴 새 없이 달려가는데 1~2년의 시간을 한가하게 보내도 될까? 우리 현실에서는 대단한 결심이 서지 않으면 실행하기 어려운 시스템이다. 하지만 덴마크의 학생들이나 부모들의 반응은 이런 걱정을 말끔하게 씻어 준다. 에프터스콜레를 거쳐 간 학생들은 상급 학교에 더 잘 적응하고, 사회에서도 자신의 자리를 훨씬 잘 찾아 간다. 자신의 부족한 소양을 보충하고, 숨은 자질을 계발하고, 다른 사람과 함께 살아가면서 서로 간의 차이를 대화와 관용으로 해결해 가는 공동체 의식을 키우기 때문이다.

에프터스콜레에 진학하는 학생의 수는 계속 늘어나고 있다. 지금은 폴케스콜레를 졸업한 학생의 40퍼센트 정도가 에프터스콜레에 진학한다. 정부는 에프터스콜레가 사립으로 운영됨에도 불구하고 50퍼센트의 운영비를 지원한다.[23] 이처럼 덴마크에서는 학부모와 사회, 그리고 정부가 학생으로 하여금 자기에게 맞는 길을 찾아 가도록 충분히 응원하고 있다.

아프리카 남부에는 스프링복이라는 초식동물이 서식한다. 이들은 무리를 이루어 풀을 뜯고 살아가는데, 시속 90킬로미터 이상으로 달릴 수 있어 육식동물의 위협에서도 잘 벗어난다. 그런데 이 동물은 집단 자살하는 습성을 지닌 것으로 알려져 있다. 동물이 자살을 하다니, 무슨 까닭일까. 스프링복이 초원에서 풀을 뜯다 보면 점차 큰 무리로 불어난다. 앞선 스프링복이 풀을 모두 뜯어 먹어 버리면 늦게 온 스프링복에게는 먹을 풀이 없다. 그래서 먼저 풀을 뜯어 먹기 위해 달리기 시작한다. 그러면 다른 스프링복도 앞지른 동료 스프링복에 뒤질세라 쫓아 달리기 시작한다. 그들은 왜 달리는지 목적도 잊어버린 채 멈추지 않고 혼신의 힘으로 달린다. 앞에 큰 강이 나오거나 낭떠러지가 있어도 속도를 줄이지 못하고 떨어져 목숨을 잃는다. 이렇게 목적도 없이 앞만 보고 달리는 현상을 이른바 '스프링복 현상'이라 부른다.

우리나라 학생들을 보면 스프링복이 떠오른다. 초등학교에 들어가 고등학교를 졸업하기까지 12년 동안 자신을 돌아볼 여유도 없이 친구들과 경쟁하면서 앞으로 달려가는 것이 스프링복과 너무도 닮았다. 우리 청소년들에게 장차 꿈이 뭐냐고 물어보면 이상한 눈으로 쳐다본다. 그딴 것을 왜 묻느냐는 표정이다. 많은 청소년들은 꿈이 없다고 말한다. 그런데 우리는 청소년들에게 꿈을 꿀 수 있는 시간을 주기나 했던가? 남이 좋다고 하는 것 말고,

모든 사람들이 선망하는 것 말고, 자신이 무엇을 할 때 가슴이 뛰고 의욕이 넘치는지 스스로 실험해 볼 시간도 공간도 준 적이 없다. 그런 아이들에게 꿈을 가지라고 하는 것은, 영양분도 주지 않고 열매를 맺으라는 것과 같이 무리한 요구가 아닐까?

## 김나지움, 기술학교…
## 어디로든 길은 열려 있다

 

우리나라 고등학생들의 책가방 무게는 얼마나 될까? 구리 여자고등학교 동아리 'PROOF'가 제작하여 제13회 KBS 영상페스티벌 청소년 장편 부문에서 수상한 영상 〈대한민국 고등학생의 가방 무게를 재어 보았다〉는 고등학생들의 가방 무게와, 그보다 더 무거운 마음의 무게를 다루고 있다. 그 영상에 따르면 여고생들이 평소에 메고 다니는 책가방 무게는 평균 6.56킬로그램이다. 여학생의 어깨로 감당하기에는 버거운 무게다. 심지어 쌀 한 포대 무게에 육박하는 15킬로그램 이상을 메고 다니는 여학생도 있었다![24]

그런데 이들에게 책가방보다 더 무거운 것이 있다고 한다. 학업, 시험, 진로, 그리고 부모의 기대까지, 이들이 감당해야 할

짐이 너무 많다. 아름다운 미래를 꿈꾸며 즐겁고 재미있게 학교 생활을 해야 할 꽃다운 시절에, 그들은 짊어진 짐이 너무 무거워 눈물 흘린다. 그 삶의 무게를 기성세대인 우리가 지워 준 것 같아 미안한 마음이 밀려온다.

덴마크 학생들은 행복하게 자신의 미래를 꿈꾼다. 교사가 되려는 사람이 있는가 하면 목수가 되고 싶은 사람도 있다. 전기 기술을 익히기 위해 직업학교로 가는 학생도 있고, 의사가 되기 위해 대학 진학을 준비하는 사람도 있다. 의사가 되든 기술자가 되든, 대학을 나오든 기술학교를 나오든, 어느 쪽이든 그들이 살아가는 데 아무런 문제가 되지 않는다. 무슨 일을 하느냐에 따라 사회적 명성이 좌우되지 않는다. 특정 직업을 가짐으로써 특별한 부를 거머쥐는 것도 아니다. 일개 평사원도 사장을 부러워하지 않는다. 열심히 공부해서 명문대학에 들어가고 좋은 직장에 취직해야만 사회적으로 좋은 평판과 높은 수입을 얻을 수 있다는 생각은 덴마크에서는 찾아볼 수 없다. 그래서 덴마크 학생들의 선택은 자유롭고 그들의 가방은 가볍다!

덴마크 학생들은 담임 선생님에게 진로 교육을 받는다. 학생은 자기 취향과 재능 등을 충분히 고려하여 어떤 직업을 가지는 것이 좋을지 판단한다. 그 판단이 불확실하거나 미리 진로를 체험해 보고 싶으면 이후 1~2년간 이어지는 에프터스콜레에서 자신을 더 깊이 탐색하면 된다. 이런 과정을 통해 충분히 확신이 들었을 때 자신의 진로를 결정한다. 대학을 가기 원한다면 우리나라 고등학교 격인 김나지움으로 진학할 수 있다.

김나지움에서는 첫 학기 동안 모든 학생들이 기본 과정을 배운다. 덴마크어, 영어, 제2외국어, 역사, 체육, 예술, 수학, 자연과학, 사회, 언어학 등이다. 이 한 학기 동안 자신이 어떤 공부를 하면 좋을지 가늠해 본다. 한 학기가 지나면 인문학과 언어, 사회과학, 자연과학 중에서 하나를 선택한다. 각 계열에는 다시 필수과목과 선택과목이 있어 자기가 공부하고 싶은 것을 선택할 수 있다. 각 과목도 모든 학생들이 일괄적으로 배우는 것이 아니다. 과목마다 A, B, C 단계로 수준이 나뉘어 있어 자신의 능력에 맞춰 배울 수 있다.[25]

김나지움의 학업 생활은 에프터스콜레나 폴케스콜레처럼 여유롭지 않다. 인기 학과에 들어가려면 치열한 경쟁을 뚫어야 한다. 그래서 5월에서 6월 중순까지 치르는 2차 시험은 학생들에게 무척 중요하다. 이 시험은 하루에 끝나는 것이 아니라 한 달 이상에 걸쳐 각종 필기시험과 구술시험이 이어진다.

김나지움을 졸업한 후 곧바로 대학에 들어가는 학생들은 얼마나 될까? 전체의 20퍼센트에 불과하다. 나머지 학생들은 졸업 후 여행을 하거나 사회생활을 경험한다. 그리고 폴케호이스콜레, 즉 평민대학에 들어가 다시금 자신의 인생길을 점검하는 시간을 가진다. 그들은 철저하게 자신의 길을 찾아 간다. 누구도 그것을 시간 낭비라고 생각하지 않는다.

곧바로 대학에 진학하지 않은 사람들에게도 언제나 대학의 문은 열려 있다. 학교 졸업 후 취업이나 여행 혹은 사회생활을 하다가 대학 진학을 준비하는 과정인 '대학 준비 과정' '상경계 대학 준비 과정' '기술·공업계 대학 준비 과정' 등이 있다. 각자 자신의 재능과 상황에 맞는 과정을 선택하면 된다.


덴마크 학생들은 김나지움에 진학하지 않고 바로 직업학교에 들어갈 수 있다. 직업학교는 중세 길드 조직에서 기술공을 키우기 위해 운영하던 학교에 뿌리를 두고 있다. 그 영향으로, 숙련공을 키우기 위해 기능공으로부터 직접 교육받는 방식의 도제 수업이 중심을 이룬다.[26]

직업 교육은 대, 중, 소분류로 체계화하여, 덴마크 사회에 필요한 거의 모든 직업별 영역을 포괄하고 있다. 교육 기간은 보통 2~3년이지만 길게는 5년이 걸리는 곳도 있다. 업계에서 요구하는 숙련도에 도달하기 위한 실습 기간이 각각 다르기 때문이다. 직업 교육을 받는 학생들은 전 과정의 절반 미만을 학교에서 보내고, 나머지 기간은 실습 현장에서 임금을 받으면서 수습생으로 일한다.

학생들은 직업학교를 졸업하면 어엿한 사회인으로서 자부심을 가지고 생활한다. 직업 간 임금의 격차가 크지 않고, 직업에 따라 사회적 명성이 달라지지 않기 때문에 누구든 건강한 사회인으로 생활하는 데 문제가 없다. 그러다가 대학에 진학할 필요가 생기면 다양한 길이 열려 있기 때문에 언제든 새로운 도전을 할수 있다. 물론 대학 수업은 무료다.

유명 항공사에 다니는 덴마크인 기장을 만나 이야기를 나눌 기회가 있었다. 이야기의 주제는 대학 진학의 필요성이었다. 비행기 기장은 직무상 고도의 기술을 필요로 하여 높은 수입이 보장되기 때문에 선망 직종이다. 당연히 대학을 나와야만 하는 직종이라 생각하기 십상이다. 그런데 그 기장은 비행기 운항이 기술직이기 때문에 대학 졸업 여부와는 상관이 없다고 했다. 실제로 외국의 경우는 고등학교를 졸업한 후 항공운항 기술을 익혀 항공사에 입사하는 경우가 많다. 반면 우리나라 항공사 입사 조건은 대학 졸업이 필수다. 대학을 나오면 더 능숙하고 안전하게 운행하지 않겠느냐고 그에게 질문했는데 돌아온 대답은 예상과 전혀 달랐다. 고등학교를 졸업한 후 바로 운항 기술을 익히기 때문에, 보다 젊은 나이에 숙련된 기술을 가질 수 있어 여러모로 좋다고 했다.

　대학 졸업장이 필요 없는 직업에서조차 대졸자를 요구하면
엄청난 사회비용이 든다. 한 사회가 필요로 하는 대학 졸업자는
40퍼센트 정도라고 한다. 그 이상이 될 경우 사회적 비용은 높아
지고 경쟁만 치열해져 사회적 문제가 발생한다. 우리나라는 대학
졸업자가 필요의 두 배를 넘고 있으니 고학력으로 인해 발생하는
문제가 어느 사회보다 심각할 수밖에 없다.

## 평생학습과 재충전의 장,
## 폴케호이스콜레

황량했던 덴마크를 행복의 나라로 만든 기관은 어디일까. 정치를 하는 의회? 국가를 이끌어 가는 정부? 물론 이런 기관들도 덴마크 국민으로부터 많은 신뢰를 받고 있다. 하지만 무엇보다 지금의 덴마크를 만든 최고의 기관은 폴케호이스콜레라고 할수 있다. 폴케호이스콜레는 덴마크가 근대화를 넘어 민주사회로나아가는 데 가장 중요한 역할을 했다. 현대에 들어서는 복지사회로 나아가는 길목에서 덴마크 공동체의 갈등을 해결하고 모든사람이 공감할 수 있는 새로운 길을 제시하였다. 앞서 잠시 살펴보았듯 덴마크의 오늘을 이야기할 때 그룬트비를 빼놓을 수 없고, 그룬트비를 이야기할 때 폴케호이스콜레를 빼놓을 수 없다.

폴케호이스콜레(Folkehøjskole)는 그룬트비의 교육 사상을 기초로 형성된 평민대학이다. 그룬트비는 1830년 프랑스 7월 혁명을 통해 민중의 힘을 목격했다. 그런데 부정한 지도자가 그 민중의 힘을 빌려 군주제 시절보다 더 백성들의 자유를 빼앗고 억압하며, 자신만을 위해 권력을 휘두를 수 있음을 아울러 확인했다. 그룬트비는 이런 위험을 방지하기 위해서는 가난한 농민들을 포함한 평민들이, 공익을 위하여 깨어 있는 시민의 일원으로 거듭나야 한다고 보았다. 일반 대중의 의견이 강력한 힘을 발휘하는 민주사회를 만들어야 한다고 생각한 것이다. 그는 대중을 교육할 수 있는 학교를 반드시 세워야 한다고 제안했다. 깨어 있는 시민이 능동적으로 참여하는 사회를 만들기 위해 그들을 교육하는 기관이 바로 폴케호이스콜레, 즉 평민대학이다.

그룬트비는 평민대학을 단순히 학교라 칭하지 않고 대학이란 이름을 붙였다. 라틴어를 사용하는 그 시대 대학과 다르지 않은, 동등한 자격을 지닌 학교라는 것을 강조하고 싶었던 것이다.[27] 평민대학은 일반 대학과 달리 학점이나 공식적인 시험이 없다. 학위도 없으며 졸업장도 없다. 평민대학은 공직이나 사회에 진출하기 위한 발판이나 자격을 부여하는 곳이 아니다. 배움 그 자체를 중시하고 그 자체가 목적이다. 지금도 평민대학에는 등급도 시험도 없으며 학위도 없다. 그럼에도 1년에 4만 명 이상이 수강하는 살아 있는 성인 교육기관이다.[28]

평민대학은 17.5세 이상이면 누구에게나 특별한 자격 조건 없이 열려 있다. 배우려는 의지만 있으면 된다. 특히 대학으로 진학을 하거나 직업의 세계로 들어가기 전에 자신을 성찰하고 진로를 탐구하려는 젊은이들이 많이 입학한다. 고등학교에 진학하기 전에 자기의 길을 찾기 위해 1년 정도 시간을 보내는 에프터스콜레와 성격이 비슷하다. 대학을 중도에 그만둔 학생들이나 직장에서 해고된 사람들도 새 길을 찾기 위한 준비 기간으로 여기며 들어온다. 어엿하게 직장을 다니는 사람들도 휴가를 내어 단기 과정에 다니면서 재충전의 시간을 가진다. 이처럼 덴마크의 성인들은 다양한 이유로 평민대학에 들어가 자기 성찰과 재충전의 시간을 갖는다. 성인이 된 이후에 언제든지 들어가 자기의 삶을 가꿀 수 있는 가장 이상적인 평생교육 기관이다.

평민대학은 처음 세워졌을 때부터 공익과 공동체를 지향하는 기숙학교였다. 교육과정에도 제한이 없다. 학생들이 배우고 싶고 교사들이 함께할 수 있으면 무엇이든 과목으로 개설할 수 있다. 교사가 가르치고 학생은 배우기만 하는 곳이 아니라 함께 배우고 나누는 배움의 공동체다. 배움의 가장 큰 수단은 '말'이다. 그룬트비는 "민중은 서로 이야기하면서 배운다"고 했다. 또 "능동적인 시민은 자신의 의견을 가져야 하며, 그것을 목소리 높여 말해야 한다. 그리고 공동체 내에서 의견이 다른 사람들과 소통할 수 있어야 한다"고 했다. 평민대학에서는 사람들이 끝없이 토론하는 모습을 어렵지 않게 찾아 볼 수 있다.[29]

평민대학에서는 자신의 생각을 자유롭게 말한다. 국가에 대한 비판은 자연스러운 것이다. 이런 자유롭고 비판적인 생각을 바탕으로 공동체를 새롭게 하는 혁신적인 대안을 제시한다. 예를 들어, 1970년대 오일쇼크로 인해 대부분의 유럽 국가들이 석유 에너지의 대체 수단으로 원자력 에너지를 도입할 때, 덴마크는 평민대학의 노력으로 풍력발전소를 연구하기 시작했다. 이것은 덴마크를 에너지 수출국으로 만드는 계기가 되었다.

현재도 평민대학에서는 뜨거운 토론과 논쟁을 벌인다. 근래에는 일반 교육의 가치가 어디에 있는지를 두고 한창 논쟁 중이다. 2000년대 이후 덴마크 교육도 위협을 받고 있다. 목표 지향적인 교육을 선호하고 측정 가능한 결과물을 추구하는 거센 바람 앞에서 덴마크 교육이 지닌 고유한 가치를 어떻게 지켜 나가야 할지에 대한 모색이 활발하다.

폴케호이스콜레에서는 다양한 계층, 다양한 지역, 다양한 연령의 사람들이 한데 어울린다. 지역의 문제, 국가의 문제, 나아가 지구촌에서 발생하는 여러 문제에 관해 토론한다. 세계 기후 문제, 기아, 전쟁과 테러 등은 덴마크와 직접적인 관련이 없을 수도 있지만 이웃과 공동체를 생각하는 평민대학에서는 빼놓을 수 없는 토론 주제다. 문제를 바라보는 시각에 따라 서로 생각이 다를 수 있지만, 이야기를 듣고 토론하면서 다른 사람들의 생각을 이해한다. 공익을 위해 각자의 생각과 위치를 조절하는 지혜를 배운다. 그리고 능동적인 민주 시민으로서 어떻게 행동해야 할지 자신의 인생 방향을 정한다.

평민대학은 1844년 덴마크 남부 뢰딩에 처음 세워진 이후 많은 변화를 겪어 왔다. 그룬트비의 교육 사상을 중심으로 하는 설립 정신은 크게 달라지지 않았지만 시대의 흐름에 따라 다양한 변화들을 맞았다. 평민대학의 초창기에는 학생 대부분이 가난한 농민이었다. 교육과정도 이에 맞춰 인문학 분야에서는 성경, 북유럽 신화 이야기, 나라의 정체성 함양 등이 주된 수업이었고, 실용 학문으로는 농업 지식, 말타기 등이 있었다. 지금은 평민대학의 초창기 시절과 많이 달라졌다. 평민들의 주류였던 농민의 수는 줄어들었다. 교과는 인터넷, 연극, 예술, 스포츠 등으로 변하고 있다. 평민대학에서 배운 것이 당대 개인의 삶에 직접적인 관련성을 갖도록 교육과정은 개선되고 있다.

지금은 덴마크 전국에 70개 정도의 평민대학이 있다.[30] 대부분 시골에 위치하고 있으며 봄과 가을에 4~5개월 동안 정기 학기가 운영된다. 직장인을 위한 단기 과정은 여름방학이나 휴가 기간에 1~2주간 개설된다. 학비는 무료가 아니다. 정부가 어느 정도 보조를 해 주지만 성년 수강자이기 때문에 스스로 돈을 벌어 웬만큼 학비를 감당하게 한다. 젊은이들도 부모에게 돈을 받지 않고 아르바이트를 통해 학비를 충당한다.

1년에 4만 명 이상의 사람들이 짧게는 1주일, 길게는 10개월 동안 학비를 부담하며 자발적으로 집을 떠나 평민대학에 들어가는 이유는 무엇일까? 분명한 유익함이 있기 때문이다. 덴마크인들은 평민대학에 다닌 학생이 그러지 않은 학생보다 자신감 있게 인생의 다음 걸음을 떼고, 학업 수행 능력도 뛰어나다고 말한다. 그 이유는 무엇일까? 청년들은 평민대학에서 자신의 내면을 살펴보는 시간을 가진다. 대학이나 직업을 선택하거나 아니면 그런 생활을 시작하는 시점에 자신을 돌아보는 것은 중요하다. 자신의 능력을 잘 알고 내면의 소리에 귀를 기울여야 실수와 실패를 줄이고 자기가 선택한 것을 긍정적으로 받아들일 수 있다. 또한 자기가 결정한 것을 미리 계획하고 실행해 볼 수 있다. 그 과정에서 교사나 동료들에게 피드백과 영감을 받으면서 자신이 결정하고 계획한 일에 대해서 구체적으로 접근하여 자신감을 얻을 수 있다. 몇 개월 머물며 배우는 그 기간 동안 덴마크인들은 인생의 기초를 탄탄하게 다지는 귀한 체험을 한다.

최초의 평민대학인 뢰딩 평민대학이 설립된 지 170여 년이 지났다. 시대의 흐름에 따라 평민대학도 변화를 거듭하였다. 하지만 평민대학이 추구하는 가치는 여전히 굳건하게 그 중심을 지키고 있다. 계몽하되 자신을 먼저 계몽하고, 공익을 위해 무엇을 할 것인가 하는 질문을 통해 민주 시민, 책임 있는 사회 구성원으로서의 자신을 만들어 간다. 세대 갈등, 빈부 갈등, 지역 갈등, 이념 갈등 등 다양한 영역에서 사회 갈등은 갈수록 깊어지고 있다. 갈등으로 인해 이제는 각자의 생각을 표현하거나 말하기를 두려워한다. 사회의 주변부에 있는 이들은 상대적 박탈감과 소외감으로 인해 가슴에 억울함과 분노가 차곡차곡 쌓인다.

우리에게는 마음껏 말할 수 있는 공간과 시간이 필요하다. 그리고 다른 사람들의 이야기를 충분히 듣는 기회도 필요하다. 가슴에 담아 둔 말을 쏟아 놓고 다른 사람의 생각을 진지하게 듣는다면 조금씩 서로에게 접근해 나아가는 길을 모색할 수 있을 것이다. 이제 침묵은 금이 아니다. 그룬트비가 말했듯이 자신의 생각을 가져야 하고 그 생각을 소리 내 말해야 한다. 다른 의견을 듣는 인내와 포용성이 있어야 하며, 이것을 바탕으로 공동체는 소통할 수 있다. 그래야 다음 세대가 갈등을 뛰어넘어 성숙한 민주 시민으로 성장하고, 이를 통해 행복한 사회를 만들 수 있다.

## chapter 2

# 학생이 행복한 나라, 덴마크

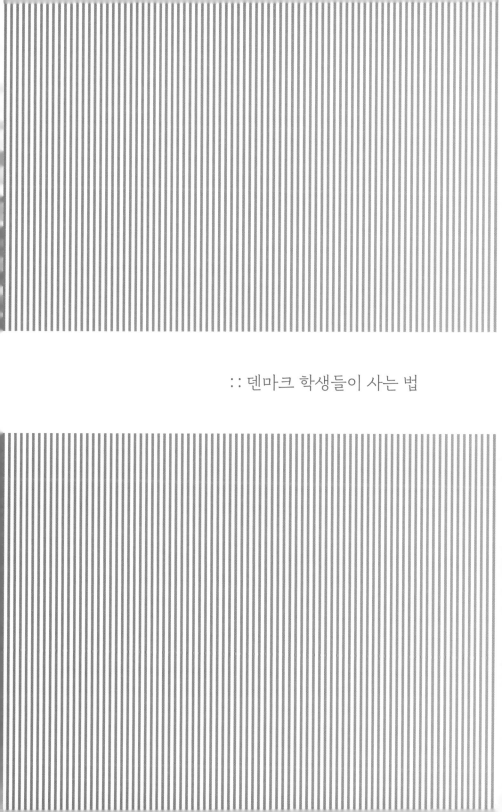

:: 덴마크 학생들이 사는 법

## 원하는 대학이 있을 뿐,
## 대학의 서열은 없다

2018학년도 대학수학능력시험은 자연재해로 인해 일정이 연기되었다. 당시 교육부 장관은 수능시험 전날 밤 긴급 브리핑을 통해 경주 지진 여파를 감안하여 시험을 1주일 연기한다고 발표했다. 사상 초유의 사태에도 수험생들은 대부분 성숙하게 대처했다. 이듬해인 2019학년도 수능시험은 불수능이란 오명을 입었다. 국어 과목 문항이 특히 논란이 되었다. 출제 기관인 한국교육평가원이 유감을 표시하는 것으로 사태는 일단락되었다.

수능시험은 도입한 지 25년이 넘었지만, 해마다 시험 때만 되면 이런저런 말을 낳으며 논란과 관심의 대상이 되곤 한다. 그 관심은 뭔가 변화가 필요하다는 결론으로 귀결된다. 그에 더해, 수시 전형을 폐지하자는 등 과거로 회귀하려는 움직임도 있다.

과거로 돌아간다고 문제가 해결될까? 아니면 더 나은 새로운 제도를 만들어야 할까?

우리나라 대학 진학률은 세계 최고다. 2009년 80퍼센트에 육박하던 대학 진학률은 이후 조금 하락하여 2016년에는 70퍼센트 선 아래로 떨어지기는 했다.[1] 하지만 여전히 세계 최고의 자리를 지키고 있다. 자본이나 자원이 없던 산업화 초기에는 우수한 인재가 미래 국가 경쟁력을 좌우한다고 생각했다. 교육은 개인에게 신분 상승의 기회를 주었다. 자녀를 위해 소 팔고 논 팔아서라도 공부시키는 것이 부모의 도리요 가문을 세우는 길이라 여겼다.

우리나라가 짧은 시간에 급격한 성장을 이룩한 것은 이러한 교육열 덕분이라는 데 이견이 없다. 하지만 그 과정에서 형성된 교육 문화는 많은 부작용을 낳았다. 이제는 단순히 대학을 나왔다고 해서 미래가 보장되는 시대가 아니다. 그래서 더 좋은 대학, 이른바 명문대학의 바늘구멍 같은 문을 통과하기 위하여 더 많은 시간과 재력을 쏟아붓고 있다. 최고의 대학과 그렇지 않은 대학을 줄 세우는 대학의 서열화는 다가올 미래의 발목을 잡을 수도 있다.

덴마크에는 대학의 서열이 없다. 대부분이 국립대학으로,

특성화된 학과 중심이다. 우리나라와 같은 명문대학의 개념이 없다. 그러니 학생들은 '대학' 자체보다는 자기가 공부하고 싶은 학문이나 과를 선택하여 진학한다. 그럼에도 불구하고 덴마크에는 유럽에서 가장 중요한 기술대학 중 하나인 덴마크 공과대학, 영화 전문으로 유명한 덴마크 영화학교, 학문 중심의 오르후스 대학 등 학과를 중심으로 발달한 세계적인 대학들이 여럿 있다.

독립 고등교육 평가기관인 상하이랭킹 컨설턴시가 2016년 세계 대학 순위를 발표했다. 평가 결과를 보면 코펜하겐 대학교는 유럽에서 두 번째, 세계 순위로는 30번째에 랭크되었다. 오르후스 대학교는 65위, 덴마크 공과대학은 150위권에 들었다. 올보르 대학교는 201~300위권, 덴마크 남부대학교는 301~400위권에 이름을 올렸다.[2] 반면 우리나라 대학교는 100위 안에 든 학교가 없으며, 서울대는 101~150위권에 들어 우리나라 대학교 중 가장 높은 자리를 차지했다.[3]

대학 순위가 발표될 때마다 우리나라 언론은 이를 중요하게 다룬다. 사회가 이를 중요시하기 때문일 것이다. 순위가 올라가면 자신의 순위가 올라간 양 기분 좋아하고 순위가 내려가면 한국 교육의 문제점을 파헤치려고 한다. 순위에 따라 희비가 엇갈리고, 그 기준이 절대적 잣대인 양 각 대학들은 자료를 인용하면서 학교 홍보에 열을 올린다.

우리보다 상위에 여러 학교를 올린 덴마크는 순위에 별 관심을 두지 않는다. 주요 평가 기준이 되는 교수의 업적이나 논문 등이 좋은 대학의 기준이라 생각하지 않는다. 교수들은 학생들이 잘 배우고 있는지, 소수가 아닌 대다수 학생들의 실력이 나아지고 있는지에 관심을 둔다. 그래서 상하이랭킹은 덴마크 학생들이 대학을 선택하는 기준이 되지 못한다.

덴마크 고등학생들의 대학교 입학은 한 번의 시험으로 결판나지 않는다. 김나지움에서 이수한 과목과 수준, 각 과목에서 받은 성적, 졸업 시험 성적, 다양한 직업 경험, 비공식 교육기관 이수 경력 등의 서류를 제출한다. 대학이나 전공에 따라 지원 가능한 점수가 이미 나와 있어, 대학이 요구하는 성적을 추가로 이수하거나 요구하는 직업 경력을 보충하여 대학에 들어갈 수 있는 점수를 획득한다. 의학, 법학, 경제학, 공학 등 전공에는 경쟁이 있어 평균 이상의 성적을 받아야 한다.

덴마크 대학 교육은 2년 과정인 단기 교육과정, 3~4년 과정의 학사 과정, 3~8년 과정의 장기 교육과정이 있다. 2년 과정은 우리나라의 전문대학에 해당한다. 3~4년 과정은 종합대학에 해당하며, 직업과 연계하여 2년 과정보다 좀 더 깊이 있게 배운다. 3~8년의 장기 과정은 학사 과정에서 마칠 수도 있지만 학생 대다

수는 적어도 석사 학위까지 공부를 이어 간다.[4]

　　일반적으로 덴마크 사람들은 더 나은 직장이나 높은 보수를 목표로 학위를 취득하지 않는다. 자신의 관심사와 직업 활동의 전문성을 위해 학위를 취득한다. 높은 학위를 가졌다고 해서 다른 사람들로부터 주목을 받지도 않는다. 덴마크는 학벌 사회가 아니다. 학력이 낮다고 해서 무시당하지 않으며, 학력이 높다 해서 부러움과 존경의 대상이 되지 않는다. 대학을 나오지 않아도 사회적 차별을 받지 않는다. 성실하게 자기 일을 수행하는 전문적 기능공이 훨씬 존경을 받으며, 사회적 선망의 대상이 되기도 한다.

　　우리나라도 정부와 시민 단체가 학벌 사회를 타파하겠다고 벼르지만 쉽게 해결하지 못하고 있다. 부모의 재력을 앞세워 교육받은 아이들이 특정 학교에 들어가고, 특정 학교를 졸업한 사람들이 사회의 요직을 두루 점하고 있는 것이 현실이다. 부모의 영향력에 기반을 둔 이러한 학벌주의는 우리 사회를 깊이 병들게 한다. 반면 덴마크는 특별 대우 받는 대학이 없으며, 부모의 강요에 의해 특정 대학에 들어갈 필요도 없다. 그런 것이 통하지 않는 사회이다.

　　대학을 졸업한 사람과 그러지 않은 사람들 간의 수입 차이도 크지 않다. 보통 직업 간의 소득 차가 크지 않지만 고수입 직업군이 있기는 하다. 고수입 직업에 종사하더라도 다른 사람들보다 특별하게 사회적, 경제적인 혜택을 누리며 사는 것은 아니다. 그들은 남들보다 더 많은 세금을 낸다. 그들이 낸 세금은 자연스럽게 수입이 적은 사람을 위해 사용된다. 이는 형편이 어려운 사람들을 도와 함께 살아갈 수 있는 사회를 만드는 기반이 된다.

사회적 인식 개선과 소득의 평준화는 교육의 토양을 완전히 바꾸어 놓는다. 교육이 더 이상 사회적 성공이나 경제적 이익과 직결되지 않는다면 교육의 풍토는 엄청나게 달라질 것이다. 부모는 아이의 나이에 맞는 아이 중심의 교육을 할 수 있다. 유치원, 초등학교 때부터 아이를 어느 대학에 보낼 것인지 정해 두고 인생 시간표를 짤 필요가 없다. 어느 직업이 전도유망한 미래 직업으로서 삶을 보장할 것인가를 따지며 고등학교를 보낼 필요도 없다. 이로써 학령에 맞고 자녀가 원하는 교육에 집중할 수 있다.

이런 사회적 분위기를 만들어 내기 위해서는 우선 전면적 무상교육이 필요하다. 앞서 말한 것처럼 덴마크의 모든 교육과정은 무상이다. 무상교육은 사회 유동성을 회복하고 사회 양극화 현상을 줄이는 데 크게 기여한다. 가정이나 학생 개인에게 엄청난 자유를 부여한다. 부모는 자녀 교육을 위해 무리하게 저축할 필요가 없다. 가난한 부모는 자녀에 대한 죄책감과 재정적 부담에서 벗어날 수 있다.

자녀 또한 자유를 얻는다. 대학 선택이 부모의 뜻과 같을 수만은 없다. 부모는 경영학을 원하지만 자녀는 실용음악을 원할 수 있다. 부모는 의사가 되라고 하지만 자녀는 화가가 되고 싶어할 수 있다. 무상교육이 아니라면 자녀는 재정적 독립을 할 수 없으므로 부모의 뜻에 따를 수밖에 없다. 그러지 않으면 힘들고 괴로운 생활을 할 수밖에 없다는 것을 안다. 반면 무상교육은 자녀의 재정적 독립을 가능케 하여 부모의 도움 없이 자기가 원하는 것을 할 수 있다.

무상교육을 실시하면 학생들이 졸업 후에 학자금을 갚느라 허덕일 필요가 없다. 학자금 대출은 사회 진출과 동시에 청년의 삶을 옥죄는 새로운 족쇄다. 대출이 편해 쉽게 학자금을 빌리지만 막상 갚을 때는 여간 부담스러운 것이 아니다. 쥐꼬리만 한 월급에서 원금과 이자를 떼고 세금과 공과금을 내고 나면 손에 떨어지는 것은 푼돈밖에 없다. 이러니 월급이 적은 중소기업에 들어갈 수가 없다. 차라리 백수로 시간을 보내더라도 더 준비를 해서 임금 수준이 높은 직장에 가려고 한다. 그렇게 생각하는 사람이 많으니 또 한 번 바늘구멍을 뚫어야 한다. 이런 악순환은 반복된다.

학자금 대출 이자를 낮추는 것을 넘어, 학자금 자체를 없애는 것이 사회적 이익이 크다. 우리나라는 국가의 교육비 지출 규모가 OECD 회원국 중에서 작은 편이다. 국가 차원의 적극적인 교육비 지원은 미래를 위해 꼭 필요한 일이다. 이는 사회 유동성과 안정성을 높이는 효과도 크다. 교육에 대한 사회적 지출은 단순히 교육만을 위한 것이 아니라 사회 전반을 위한 지출임을 인식해야 한다.

## 양극화 해소와 자아실현의 바탕, 무상교육

우리나라에서 자녀를 낳아 대학까지 보내는 데 1인당 얼마의 비용이 들까?

2012년도 『전국 출산력 및 가족보건·복지실태조사』에 따르면, 1인당 월 평균 118만 9000원을 지출하며, 대학 졸업 때까지 3억 896만 4000원이 든다.[5] 1인당 양육비가 3억 원이 넘는다니 실로 놀라운 세태다. 양육비가 이렇게 많은 이유는 자녀 교육비 규모가 크기 때문이다. 중고등학생이 있는 가정은 수입의 50퍼센트 이상이 자녀 교육비로 들어가기도 한다. 과도한 교육비는 꿈꾸던 미래를 선사하는 것이 아니라 도리어 '가난의 대물림'으로 이어진다고 전문가들은 말한다. 그래서 자녀 교육비를 줄여 노후 대비에 쓸 것을 제안하지만, 자녀만이라도 잘되기를 바라는 부모의 간절한 마음을 설득하지는 못한다.

과도한 교육비의 문제점은 비정상적인 엥겔계수와 엔젤계수의 비교에서도 고스란히 드러난다. 엥겔계수는 가계의 총지출액에서 식료품이 차지하는 비율을 말한다. 대체로 소득이 낮은 가정일수록 엥겔계수가 높다. 엔젤계수는 가계의 총지출에서 자녀의 교육비가 차지하는 비율이다. 소득에 비해 자녀의 교육에 투자하는 비율이 높을수록 엔젤계수가 높다.

예전에는 엔젤계수가 선진국을 나타내는 지표이기도 했다. 그런데 우리나라는 국민소득에 비해 엔젤계수가 계속 높아지는 기현상을 보이고 있다. 많은 가정에서 엔젤계수가 엥겔계수보다 높은 현상이 나타난다. 이것은 기본적인 식료품 값을 줄이면서까지 자녀 교육에 전적으로 매달리고 있는 우리 사회의 현주소를 적나라하게 보여 준다.

날이 갈수록 교육비는 상승하고 있다. 통계청 조사에 따르면, 우리나라 가정의 73퍼센트가 교육비 지출을 부담스러워한다.[6] 부모들은 허리띠를 졸라 매지만 기대한 결과를 얻지 못하는 경우가 다반사다. 이것은 결국 자녀와 부모 사이, 가정과 사회 사이에 더 큰 갈등을 만들고 있다. 교육이 사회 발전과 개인의 자아실현이라는 순기능을 맡고 있는 것은 여전하다. 하지만 높은 교육비는 가난을 대물림하여 사회 양극화를 부추기고, 개인의 특성과 자유를 꽁꽁 묶어 자아 상실의 사회로 우리를 내몰고 있다.

덴마크의 학생들은 부모의 경제 수준과 상관없이 대학 때까지 교육비를 무상으로 지원받으며, 심지어 상당한 액수의 보조금도 받는다. 아동들만 수당을 받는 것이 아니라 대학생들도 생활 보조금을 받고 있다. 그 액수는 우리 돈 80만 원을 상회한다. 그래서 덴마크 사람들은 교육의 기회가 부모의 경제력에 의해 결정되지 않는다. 아울러 학생의 진로가 부모의 의견에 따라 좌지우지되지 않는다. 자기가 하고 싶은 것을, 스스로 선택하고 책임지며 배워 나가는 것이다. 경제적으로 부모로부터 완전 독립이 가능하기에 일어날 수 있는 일이다.

모르텐 스트랑예가 말한 대로 덴마크 사람들은 교육이 사회적 병리 현상들을 해소할 수 있는 결정적 대안이라고 믿고 있다.[7] 개인의 성공이나 성취의 수단을 넘어, 사회적 문제를 해결하는 최고의 대안으로서 교육의 기능을 인정한 것이다.

세계적인 경제학자 아비지트 배너지와 에스테르 뒤플로는 15년간 40여 개국의 빈곤 국가를 취재하여 쓴 『가난한 사람이 더 합리적이다』에서 가난한 나라의 문제를 해결하기 위한 여러 대안을 제시하면서, 결론적으로 국가가 안고 있는 여러 문제를 해결할 수 있는 주요 대안으로 '교육'을 꼽았다.[8] 여기서 제시하는 교육은 미국이나 우리나라가 행하고 있는 교육의 형태와 다르다. 이들의 견해를 기준으로 보자면, 현재 우리나라가 시행하는 것은 '수요 접근법' 교육관으로서, 교육을 미래의 이익을 얻기 위한 투자로 여기는 것이다. 투자의 주체는 부모로, 이들은 자녀를 질 좋은 사립학교에 보내거나 공교육의 개혁을 요구함으로써 경쟁력 있는 교육을 받게 하려고 한다. 자녀에게 우수한 교육을 받게 하기 위해서는 부모의 경제력이 넉넉해야 한다. 최고의 학교와 학원을 보내는 데 드는 비용을 아까워하지 않고, 우수한 교사에 대한 정보를 수집하고, 길목마다 최고의 표지판을 세워 아무런 시행착오 없이 목표점에 도착하도록 설계해야만 한다.

하지만 교육을 투자로 보기는 힘들다. 교육이 투자라면 그 주체인 부모가 이익을 봐야 하는데 교육의 혜택은 부모가 아닌 아이가 받으며, 심지어 단시간 내에 혜택이 주어지는 것이 아니라 긴 시간이 지난 후에야 얻을 수 있다. 그래서 배너지와 뒤플로는 '공급 접근법' 교육관으로 전환해야 한다고 말한다. 공급 접근법 교육관은 교육을 투자의 대상이 아니라 인간이 가진 기본적인 인권으로 본다. 이 인권은 부모의 능력이나 재산과 상관없으며, 부모가 자녀에게 강요할 수 없는 인간 본연의 권리를 의미한다.

'공급 접근법'은 덴마크가 추구하는 교육관이다. 아이가 고유하게 누려야 하는 교육의 권리와 기회를 부모의 능력, 재산, 가치, 변덕, 이기심, 탐욕 등에 얽매이지 않고 공평하게 갖게 하려는 것이다. 국가는 이 권리를 제공하고 지켜 주는 역할을 충실히 감당해야 한다. 덴마크는 이런 교육 권리를 중요하게 여겨, 대학까지 무상교육을 제공할 뿐 아니라 부모로부터 독립적인 교육을 받을 수 있도록 대학생에게 보조금을 지급하고 있는 것이다.

루터는 일찍이 보편적 교육과 평등한 교육을 주장했다. 정의와 공의가 마르지 않는 세상을 만들기 위해서는 모든 시민들이 도덕적으로 바르게 훈련되어야 하며, 아이들을 적절한 교육 없이 방치하면 세상은 무질서가 판치는 악의 나라가 될 수밖에 없다고 보았기 때문이다. 공평한 교육의 기회는 시민의 권리이며 국가는 시민들을 위해 교육을 시행할 의무를 지닌다는 것이다. 그런 측면에서 루터의 사상은 교육의 '공급 접근법'에 닿아 있다.

'사회의 양극화'나 '빈곤의 대물림' 같은 심각한 사회 문제를 해결하기 위해서는 심도 깊은 연구와 더불어 현실성 있고 다양한 대안 제시가 필요하다. 하지만 모든 대안의 뿌리이자 줄기인 교육의 문제를 해결하지 못한다면 나머지 모든 방안들은 대중요법밖에 되지 않는다. 가장 근본적이며 가장 확실한 해결 방법이 '교육'이라고 많은 이가 말하고 있다. 우리나라도 더 나은 미래를 만들어 가야 하지 않겠는가. 이제는 몇몇 뛰어난 인재를 키우는 교육, 경쟁에서 살아남기 위해 개인적으로 치열한 전투를 해야 하는 수요 접근법적 교육을 지양해야 한다. 그 대신 모든 사람이 부모의 능력이나 재산에 상관없이 평등하고 공평한 기회를 가질 수 있게 하는 무상교육과 적절한 보조금 제도의 도입을 적극 검토해야 한다.

함께 노래하고
살아 있는 대화로 수업한다


덴마크 퓐섬 중앙에 있는 오덴세 프리스콜레의 아침. 하늘
은 푸르고 등교하는 아이들의 모습은 활기차다. 자전거를 탄 아
이들, 아빠와 함께 등교하는 아이들, 그들을 맞이하는 선생님의
미소. 한편 우리나라 아이들의 등교도 활기차기는 마찬가지다.
아이들은 운동장을 가로질러 교실에 들어가서 선생님 책상 위에
일기장과 과제물을 제출한다. 그리고 친구들과 이야기를 나누면
서 아침 자습을 하다가 종이 울리면 수업을 시작한다.[9]

　　그런데 덴마크 학교는 하루 일과를 시작하는 풍경이 우리
와 사뭇 다르다. 학생들은 매일 수업에 들어가기 전, 강당에 모
여 '다 함께 노래 부르기'로 하루를 시작한다. 학생 수가 적은 학
교는 모두 한데 모이지만 규모가 큰 학교는 저학년과 고학년으로

나누어 모인다. 그래도 하는 활동은 같다. 다 함께 노래를 부른다. 덴마크 프리스콜레에서 다 함께 노래 부르기는 오랜 전통이며 교육과정의 중요한 축이다. 그룬트비의 교육 사상을 바탕으로 한 프리스콜레를 비롯하여 에프터스콜레, 폴케호이스콜레도 다 함께 노래를 부르는 시간을 가진다.

그룬트비가 강조한 주요 교육 활동 중의 하나가 바로 '다 함께 노래 부르기'다. 그룬트비는 180년 전 덴마크의 황막한 현실 앞에서 다 함께 살 수 있는 길을 찾았다. 그는 개인의 이익이 아니라 공익을 바탕으로, 개인의 능력이 아니라 공동체의 능력으로, 다 함께 행복하게 사는 사회를 꿈꾸었다. 그러기 위해서는 사회 구성원들에게 공동체 의식이 필요했다. 그는 다 함께 노래 부르기가 공동체 의식을 고취하는 데 아주 중요한 역할을 한다고 여겼다.

그룬트비는 직접 많은 가사를 지었다. 가사의 내용은 주로 성경 이야기, 민담, 동화를 중심 소재로 삼았다. 이 가사들은 일반적이고 대중적이라 민중에 친근하게 다가갔고, 덴마크의 역사를 담아 일체감을 높였다. 세월이 흘러 시대의 모습은 많이 바뀌었지만 지금도 그룬트비가 작사한 곡들은 노래집으로 출판되어 학교와 공동체에서 즐겨 불리고 있다.

우리나라에서 새마을운동이 한창이던 1970년대, 이른 아침이면 마을마다 〈새마을 노래〉가 파랗고 동그란 스피커를 통해 울려 퍼졌다. 전국 방방곡곡에서 들을 수 있었고, 학교에서도 열심히 불렀다. 정부는 이 노래를 통해 사람들이 무엇을 어떻게 해야 하는지를 머릿속에 각인시켰고, 개인과 마을과 나라가 하나라는 공동체 의식을 갖게 했다. 우리나라 새마을운동은 덴마크의 농민운동을 본뜬 것이다. 물론 덴마크의 정신을 옮겨 오지는 못했다. 하지만 아침마다 마을 사람들에게 〈새마을 노래〉를 들려주어 '잘살아 보자'는 목표를 공유하며 함께 하루를 시작하게 한 것은 덴마크의 '다 함께 노래 부르기'의 영향이라 할 수 있다.[10]

오덴세 프리스콜레의 한 교사는 다 함께 노래 부르기에 대해 이렇게 말한다. "하루에 한 번 모여 노래 부르고 주기도문을 외우면서 우리는 함께한다고 느낍니다. 이 과정을 통해 자신이 공동체의 일부라는 느낌을 갖게 되죠. 학생들은 친구들과 모여 앉아 마음의 여유를 갖기도 합니다."[11] 다 함께 노래 부르기는 이처럼 학생들에게 공동체 의식을 심어 주고 공동체 안에서 안정감을 느끼게 한다.

강당에서 다 함께 노래 부르기를 마치면 학생들은 학교생활에 대한 이야기를 듣고 교실로 들어간다. 보통 초등학교 1학년은 책이나 공책이 없다. 교사들은 대개 이야기로 수업을 한다. 성경 이야기와 북유럽 신화가 주를 이루고 민담이나 동화도 들려준다. 교사는 미리 준비한 이야기를 맛깔스럽게 펼쳐 놓는다. 목소리의 크기, 높낮이, 빠르기 등을 적절히 조절하여 이야기에 감정을 싣고 생명력을 불어넣는다. 아이들은 편안한 자세로 이야기를 들으며 자기 나름대로 이야기에 색깔을 칠하고 그림을 그린다.

고학년은 주로 성경과 역사 중심의 이야기 듣기 수업을 받는다. 이 수업은 대화와 토론 중심 수업의 바탕이 된다. 논리적인 말과 마음을 담을 수 있는 목소리를 이야기 수업 시간에 충분히 체험하며 배운다. 불편한 감정을 전달할 때나 상대방의 의견에 반박할 때 어떻게 해야 하는지를 익혀 두는 것은 중요하다. 덴마크 학생들은 이야기 수업을 통해 상대방에게 이야기를 잘 전달하는 법도 배우지만, 반대되는 생각이나 불편한 감정의 말을 수용하는 법도 배운다.

대화의 핵심은 자신의 생각을 정확히 전달하는 것과 상대방의 의견을 비판하면서 수용하는 것이다. 덴마크 학생들은 회의나 토론 수업을 통해 문제를 제시하는 방법과 그것을 비판하는 방법, 그리고 다른 이의 견해를 수용하는 법을 배운다. 이것은 공동체 안에서 더불어 살아가기 위해 필수로 익혀야 하는 중요한 요소이다.

그룬트비는 "무언가를 배운다는 것은 정보를 얻는 것이 아니라 살아 있는 대화를 통해 자신을 향상시키는 것"이라며 '살아 있는 말'의 중요성을 역설했다. 대화는 정보를 얻고, 생각하고, 자신을 돌아보며, 자신의 성장을 가져오는 가장 좋은 교육 방법이라는 것이다. 물론 책에 쓰여 있다고 해서 죽은 언어고, 입을 통하여 전달된다고 해서 살아 있는 언어란 말은 아니다. 입을 통하여 전달하는 언어도 죽은 말이 될 수 있고 책을 통하여 읽어 내는 언어도 살아 있는 언어가 될 수 있다. 그룬트비는 이런 '살아 있는 말'의 교육을 위하여, 일방적인 강의가 아니라 대화로써 학생을 가르쳐야 한다고 강조했다.

그룬트비는 1838년 여러 강좌에서 '대화' 방법으로 학생들을 가르쳤다. 이후 이 교수법은 활기찬 대중 강좌로 자리 잡았고, 그룬트비의 영향을 받은 많은 사람들이 '대화'를 교육 방법으로 활용하였다.[12] 그중에서도 크리스텐 콜은 매 학기 밤을 새워 가며 심도 깊은 대화로 학생들을 지도하였다. 그는 그룬트비의 사상을 교육 현장에서 실천한 가장 대표적인 교육자로, 그의 강의와 교육에 대한 열정은 새로운 사회로 나아가는 물꼬를 텄다.

'살아 있는 대화식 수업'이란 단순히 교사가 질문하고 학생이 답하는 형식은 아니다. 궁극적으로 학생의 질문을 이끌어 내는 것이다. 인문학자 최진석 교수는 『탁월한 사유의 시선』에서 '질문이 많으면 선진국, 대답이 많으면 후진국'이라며, 대답보다는 질문을 더 잘해야 한다고 말한다.[13] 대답은 원래의 모습을 찾아가는 것이지만 질문은 새로운 것을 찾는 궁금증과 호기심을 유발하며, 창의성과 상상력을 자극하여 독립된 주체성을 자아낸다는 것이다. 수업에서 찾아야 할 것은 정확한 답이 아니라 호기심과 궁금증에서 나오는 엉뚱한 질문이다.

우리 사회는 '눈치 보는 사회'라고 한다. '눈치'의 사전적 의미는 '남의 마음을 그때그때 상황으로 미루어 알아내는 것'이다. 회사에서 상사의 눈치를 보고, 학교에서는 교수의 눈치를 보고, 가정에서는 부모의 눈치를 본다. 그때그때 알아서 상황에 대처해야 한다. 결과가 좋으면야 '눈치 있다'가 '센스 있다'는 뜻으로 통하지만, 자칫 좋지 못한 결과가 나오면 그 뒷감당은 오롯이 자신의 몫이 된다. 결국 온당하지 못한 상황을 겪거나 불합리한 지시가 내려와도 불만을 표하거나 다른 견해를 제시하지 못하고 만다.

"꼭 말을 해야 아나?" 꼭 말을 해야 안다! 불편한 것을 말하고 이견을 제시할 수 있는 용기와 능력을 키워야 한다. 그러기 위해 먼저 상대방의 감정을 이해하는 공감 능력이 필요하다. 그리고 문제를 제기하고 풀어 가는 지혜가 있어야 한다. 수용하는 마음 자세는 어떤 문제든 쉽게 해결하는 열쇠가 된다. 다가오는 시대는 개인의 힘과 능력만으로 서는 시대가 아니다. 함께 생활하는 공동체 세상이다. 공동체 안에서 필요한 것은 공동체 의식과 갈등 해결 능력이다. 덴마크 사람들은 '다 함께 노래 부르기'와 '살아 있는 말' 중심의 학교생활을 통하여 이미 오래전부터 이것을 배워 왔다. 그리고 그것이 사회에 깊이 뿌리내려 있다. 눈치 보는 권위적인 사회가 아니라 모두가 함께 행복한 사회를 만들기 위해서는, 덴마크 사회와 같이 공동체 의식과 그것을 유지해 갈 수 있는 갈등 해결 능력을 키워 나가야 한다.

## 직선적으로 이야기하며
## 자유롭게 토론한다

"목소리를 가져가 버리면 내게 뭐가 남나요?"

바깥세상에서 왕자를 만나고 싶은 인어 공주는 다리가 나게 하는 마법 약을 얻은 대신 아름다운 목소리를 잃어버린다. 다리가 생겨 왕자 옆에 갈 수 있었지만 말을 하지 못하게 된 인어 공주의 사랑은 끝내 이루어지지 않는다. 말은 새로운 세상을 여는 단초며, 대화는 얽힌 문제를 해결하는 열쇠이고 사랑을 이어주는 다리이다. 안데르센은 대화의 힘이 얼마나 놀라운지 「인어 공주」를 통해 말하고 싶어 한다.

'행복한 가정을 이루기 위해 가장 중요한 것이 무엇이라고 생각하는가?'라는 질문에 당신은 어떻게 대답하겠는가? 여성 포털 사이트 '이지데이'의 설문 조사에 의하면, 열에 여섯 명 이상이 부부 사이의 대화라고 답했다. 2위인 돈(경제력)의 두 배가 넘는 수치였다.[14] 대부분의 사람들이 대화가 행복의 시금석이라 생각하는 것이다. 하지만 우리나라 가정의 대화 시간은 절대적으로 부족하다. 보통 특별한 노력 없이 만날 수 있고 가장 편안하게 대화할 수 있는 때는 식사 시간이다. 그런데 우리나라는 식사 시간에도 가족이 모두 함께하기가 쉽지 않다. 함께하더라도 시간이 없어 급하게 먹고 일어선다든지, TV를 보면서 식사를 한다든지 하면서 거의 대화를 하지 않는다. 이는 식사를 하면서 대화하는 것이 습관화되지 않았고, 식사 시에 어울리는 대화법을 배우지 못했기 때문이다.

부부간에 대화를 하더라도 대화의 질은 형편없다. "애들은?" "밥 먹었어?"처럼 아이들의 근황이나 식사 여부를 묻고 단답으로 끝나는 대화가 주를 이루고, 격려와 위로의 말이나 공동 관심사에 관한 대화는 별로 없다. 우리 사회와 가정에 대화가 얼마나 부족한지 피부에 와닿지 않는가?

덴마크 아이들은 말하는 것에 거리낌이 없다. 말하는 상대가 아빠처럼 나이가 많거나 선생님처럼 대하기 어려울 법한 사람인 경우에도 마찬가지다. 생각이 다르면 반박하고, 필요한 것이 있으면 요구한다. 우리나라 사람이 보면 덴마크 아이들은 버릇이 없고 따지기 좋아하는 것 같아 보일 것이다. 그러나 덴마크 어른들은 아이들의 이런 태도를 잘못되었다고 하지 않는다. 도리어 자기의 의견을 드러내는 데 주저하거나 머뭇거리는 아이가 있으면 뭔가 정서적 문제가 있지 않은지 염려한다.

가정에서도 아이들은 망설임 없이 자기의 느낌이나 생각을 말한다. 부모 또한 아이들이 자신의 의견을 자유롭게 표현하도록 격려한다. 부모의 권위로 아이들의 의견을 묵살하지 않는다. 남편과 아내가 동등한 관계인 것처럼 자녀들도 부모와 동등한 인격체로서 자신의 감정과 의견을 드러내는 것이 당연하다고 여긴다.

학교에서도 마찬가지다. 교장과 교사도 학교에서 역할이 다를 뿐, 교육에 대해 서로 의논하고 협력하는 대등한 관계를 맺는다. 이것은 우리나라 학교와는 사뭇 다른 풍토다. 요즈음 한국의 학교도 그럭저럭 민주적이고 수평적인 구조를 띠게 되었다고는 하지만, 교사가 교장에게 자신의 의견을 거침없이 말할 수 있는 분위기는 여전히 아니다. 그렇게 했다가는 말한 내용보다 그 행동 자체가 이슈가 된다.

덴마크의 교사와 학생은 가르치고 배우는 일방적이고 수동적인 관계를 맺지 않는다. 교사는 협력자이자 조력자로서 학생들을 옆에서 격려하고 조언해 준다. 학생들도 자기의 의견을 주저 없이 말하고 피드백을 받는다. 학생들은 교사에게 자연스레 농담을 던지고, 교사는 학생들을 위해 망가지는 것을 두려워하지 않는다. 학생들은 교사를 바로 옆에서 자신을 돕는 좋은 친구로 여긴다. 이런 의식을 바탕으로 교사와 학생, 학생과 학생, 그리고 교사와 교사 사이에서 활발한 토론이 일어난다. 이 토론으로 교사와 학생은 서로를 더 깊이 이해한다. 학교 경영자들은 이런 토론을 통해 학교의 지향점을 찾고, 성장의 동력을 얻는다.

대화는 덴마크 사회에 흐르는 피와 같다. 대화의 피가 사회 전반에 흘러 산소를 공급하고 불순물을 제거하여 건강한 사회를 만들어 낸다. 서로 다른 의견이 강하게 대립하더라도 대화를 통하여 적절한 사회적 합의를 이끌어 낸다.


1970년대에 세계는 오일쇼크를 겪었다. 중동전쟁으로 2~3개월 사이에 석유 가격이 3배 이상 폭등하면서 전 세계는 엄청난 경제 위기를 맞닥뜨렸다. 우리나라도 물가는 수직 상승하고 경제성장률은 수직 하강했다. 무엇보다 자원이 무기화될 수 있다는 점이 부각되면서 각 나라는 대체 에너지 연구에 뛰어들었다. 독일을 비롯한 유럽 국가들은 그 해결책을 원자력발전소에서 찾으려 했다. 우리나라도 제1차 오일쇼크 이후 적극적으로 원자력발전소를 설립해 나갔다. 황무지 위에 서 있던 덴마크도 오일쇼크에서 비켜 갈 수 없었다.

덴마크도 당시 다른 나라들처럼 국가 주도로 원자력발전소 건립을 추진하기 위한 사회적 합의를 이끌어 내려고 했다. 하지만 덴마크 국민들 사이에서는 반원전 운동이 퍼져 나가기 시작했다. 그 바탕에는 심도 깊고 수준 높은 토론 문화가 자리 잡고 있었다. 특히 평민대학 중심으로 활발한 토론이 일어났으며, 원자력발전소를 많이 설립하는 것은 에너지 문제 해결 방법이 아니라는 결론에 도달했다. 이 결론은 다른 유럽 국가와 상이하였다. 시민들은 원자력 에너지가 대안이 아니라는 결론만 내린 것이 아니라 친자연적인 대체 에너지를 찾기 위한 토론과 연구를 이어 갔다. 놀랍게도 대부분 비전문가들로 구성된 풍차 제작 프로젝트 그룹에서 풍력발전에 적합한 풍차를 제작하는 성과를 거두었다.

풍력발전소 설립은 시민운동으로 번져 갔고 시민들이 자발적으로 협동조합을 만들어 민간 주도의 풍력발전소를 설립하였다. 지금도 덴마크에서는 세계 최대 풍력발전소가 시민들이 참여한 협동조합에 의해 운영되고 있다. 뿐만 아니라 덴마크는 원자력발전소 없이도 자국의 에너지 수요를 충족하고도 남아, 유럽에서 드물게 다른 나라에 에너지를 수출하는 나라가 되었다. 당면한 문제를 해결하고 더 나은 사회를 만들어 간 데에는 지도자의 탁월한 지도력이 아니라 국민들이 뜻을 모아 사회적 합의를 이끌어 내는 과정, 즉 토론 문화가 중요했음은 두말할 필요가 없다.[15]

우리나라도 '사회적 합의'라는 사회적 토론 문화를 만들어 가고 있다. 공정률 28퍼센트에 사업비 1조 5000억 원 이상이 투입된 신고리 5·6호기의 사업 진행 여부는 근래 우리 사회에서 초미의 관심사였다. 문재인 정부는 이미 탈원전을 선언했지만 그것을 실천하는 것은 결코 쉬운 일이 아니었다. 원자력 에너지의 안전성 여부와 함께 공정률, 투입 비용, 보상 비용, 전력설비 예비율 등을 충분히 고려하여 결정해야 하는 고차원적 방정식이었다. 여론이 분분해 사회적 갈등은 증폭되었고 필요 없는 사회적 비용마저 발생했다. 이때 정부는 전문가 집단을 중심으로 연구 결과를 내놓고 그것을 정부의 힘으로 밀어붙이는 고전적 문제 해결 방식을 선택하지 않았다. 다양한 사람들이 참여한 공론화위원회를 구성하여 일정 기간 동안 다양한 의견을 듣고 조율하는 시간을 가졌다. 정부는 공론화위원회의 권고안을 받아들여, 중단되었던 신고리 5·6호기의 건설은 재개하되 원전을 축소하는 방향으로 결론을 맺었다.

여기서 우리가 눈여겨보아야 할 것은, 시민참여단의 93퍼센트가 자신의 의견과 다른 결론이 나더라도 그것을 수용하겠다는 입장을 보였다는 점이다.[16] 충분한 대화는 구성원으로 하여금 설령 자신의 의견과 다르더라도 그것을 받아들이게 하여 사회적 갈등과 비용을 줄이는 효과를 이끌어 낸다. 지금 우리에게는 이처럼 충분한 토론과 대화를 바탕으로 시민사회가 인정할 수 있는 사회적 합의를 도출해 내기 위한 노력과 기술이 필요하다.

인지행동치료의 권위자인 데이비드 번즈는 저서 『관계 수업』에서, 인간관계에서 일어나는 많은 문제를 풀기 위한 대화의 방법을 소개하고 있다. 그 시작점으로 제시하는 것은 바로 귀담아듣기다.[17] 상대방이 하는 말을 집중해서 듣는 것은 당연하거니와 그 사람의 감정이나 생각을 읽어 낼 수 있는 '마음의 귀'를 열고 이야기를 들어야 한다. 상대방의 생각과 감정을 느껴 보라는 것이다. 듣기는 수동적인 것이 아니라 적극적인 대화인 셈이다.

## 시험이 없어 일등도 꼴찌도 없이 모두가 즐겁다

공부라면 어디서든 힘들이지 않고 하는 조카가 있다. 명절에 시골에 내려오면 어른들에게 잠시 인사를 드리고는 곧장 사라진다. 혼자 빈 방에 들어가 공부를 하는 거다. 이 정도면 공부도 병인가 싶다. 그런데 이 녀석이 시험지만 받으면 손바닥에 진땀이 난다고 한다. 콧물이 줄줄 흘러내려 옆에 휴지통을 두고 닦아낸다고 부모는 안타까워한다.

우리나라 청소년 중에서 많은 수가 이런저런 '시험 공포증'에 시달리고 있다. 시험 중간에 숨이 거칠어지고 가슴이 튀어나올 듯이 박동하여 어쩔 줄 몰라 하는 학생도 있다. 시험지가 잘 보이지 않고 답안지에 답을 쓰기가 불안하다. '시험 공포증'은 불안 장애의 하나인 '특정 공포증'에 속한다. 특정 공포증은 어떤 상황이나 특정한 물체에 노출되었을 때 비합리적인 공포감을 느끼는 것을 말한다. 이는 해당 상황이나 물체를 피하고 싶은 강한 충동에서 기인한다. 예를 들면 개 공포증, 엘리베이터 공포증, 비행기 공포증, 자기소개 공포증 등이 있다. 사람마다 공포를 느끼는 대상이나 상황이 다르기 때문에 타인은 이해하기가 쉽지 않다. 그래서 시험 공포증에 시달리는 학생을 부모가 이해하지 못하고 의지가 약하다고 꾸짖곤 하는데, 이 때문에 증상이 나아지기는커녕 더 큰 좌절감으로 인해 증상이 심해진다.

　우리는 이와 비슷한 증상을 가진 아이들을 어렵지 않게 찾아볼 수 있다. 내 자녀가 그런 증상을 보일 수 있고 가까운 친척이나 말벗 가운데서도 발견할 수 있다. 미국에서도 학생들의 26퍼센트가 시험 공포증에 시달린다고 한다.[18] 필자와 같은 부모 세대의 사람들 중에도 학창 시절에 이런 증상을 경험한 이가 많다. 나도 꿈속에서 고등학교 수학 시험지를 펼쳐 놓고 미적분을 푸느라 끙끙거리다 잠을 깨는 일이 있다. 그런 날은 가슴이 싸하다.

　시험 공포증은 우선 사람들과의 경쟁과 비교에서 비롯된다. 우리나라에서 학업 성취도는 곧 학생의 인격이며 정체성으로 통한다. "쟤 누구야?" "응, 전교 1등이야." 이 한마디로 모든 것을 잠재운다. 성격이나 인간관계, 공부 이외의 다른 능력은 말할 필요가 없다. 반면, 성격이 원만하고 희생적이고 친구를 잘 배려하고 감성이 풍부해도 성적이 하위권이면 이런 성품과 능력은 빛이 바랜다. 시험 등수는 자신이 누구인지를 보여 주는 정체성이고, 미래를 향해 날아가는 1등석 티켓이다. 이런 상황에서 시험은 더 이상 학습 능력을 평가하는 수단에 그치지 않는다. 시험은 미래 인생의 바로미터와 같은 존재다. 1등 인생을 원하면 시험 1등을 해야 한다고 세상은 세뇌한다. 다른 사람들보다 앞서야 하고 경쟁에서 이겨야 한다. 지식을 알아가는 기쁨 따위는 잊은 지 오래다. 학생들이 시험이 주는 압박감에서 자유로울 수 없는 이유다.

게다가 경쟁을 부추기는 것이 있다. 자녀를 다른 아이들과 비교하는 행위다. 자녀의 시험 점수를 명품 가방의 브랜드처럼 생각한다. 부모는 자녀를 위한다는 명분을 내세우지만 자기의 허영과 욕망이 경쟁 강화제 역할을 한다. 부모의 과도한 기대와 강요로 인한 스트레스는 결국 자녀로 하여금 자기 자신을 조절하는 능력을 상실하게 만든다. 우리나라 청소년 사망자 중에서 고의적 자해(자살)에 의한 사망자의 비율이 2007년 이후 10년이 넘도록 1위를 차지하고 있다.[19] 단순히 학교 교육의 개선으로 해결될 수 없는 문제, 사회와 정부 차원의 문제로 인식하고 대처해야 그 해결책을 찾을 수 있다.

학생들이 바라는 학교는 어떤 곳일까? 1순위는 바로 시험이 없는 학교다. 우리나라 학생의 두 명 중 한 명이 학업으로 인한 스트레스에 시달리고 있다.[20] 반면 덴마크 학생들은 유치원 때부터 7학년까지 시험을 보지 않는다. 중간고사, 수행평가, 기말고사가 없으며 국가가 주관하는 학업성취도평가도 없다.[21] 시험이 없으니 공부를 잘하는 사람과 공부를 못하는 사람을 구별하지 않는다. 공부를 잘한다고 칭찬하지도 않는다. 공부를 못한다고 꾸지람하지도 않는다. 덴마크 학생들에게 중요한 것은 답을 찾는 것이 아니라 스스로 문제의식을 가지고 문제를 풀어 가는 과정 그 자체이다.

그룬트비는 시험의 무용성을 넘어, 시험이 교육을 망하게 하는 요소라고까지 보았다. 그의 사상이 토대가 된 평민대학은 시험도 학위도 없이 배움 그 자체를 즐기며 의미를 찾게 만든다. 지금의 덴마크가 시험 없는 교육으로 돌아선 것은 그의 영향이 크다고 볼 수 있다.

시험을 없애는 것은 '가르치는 것'에서 '배우는 것' 중심으로 옮겨 갈 때 가능하다. '가르치는 것' 중심이란 곧 교사 중심을 의미한다. 교사가 무엇을 가르치는지, 교사가 가르쳐 준 것을 학생들이 얼마나 많이 이해하고 수용했는지에 집중한다. 따라서 가르친 것이 얼마나 잘 전달되었는지를 평가로써 확인하게 된다. 점수가 낮으면 그 원인을 분석하여 문제를 해결하려고 하는 것이 이런 교육 정책의 생리이다.

'배우는 것'이 중심이 될 경우는 교사 중심이 아니라 학생 중심으로 돌아선다. 학생들이 무엇을 배웠는지가 주된 관심사다. 학생의 취향이나 능력에 따라 배움이 다를 수 있다. 그리고 같은 것을 배워도 사람에 따라 수용하는 부분이 다르다. 그래서 일률적인 필기시험으로 학생들을 측정하는 것은 불가능하다. 학생들을 자세하고 세밀하게 관찰해야만 훨씬 더 정확한 평가를 할 수 있다.

덴마크에 시험이 없다고 해서 평가가 없는 것은 아니다. 평가는 교육의 중요한 요소이기 때문에 반드시 있어야 한다. 단, 모두가 똑같은 문제를 받아 제한된 시간 안에 풀어야 하는 필기시험이 없다. 필기시험은 대부분 객관식, 단답식으로서 정형화된 답을 요구한다. 하지만 학생들은 정형화된 답 속에 모든 것을 표현하지 못한다. 창의력, 상상력에 바탕을 둔 자기표현은 대부분 비언어적, 비수학적인 것이기 때문에 형식화된 지필시험의 틀 속에 담아내기란 불가능하다. 이런 요소를 계발하고 평가 요소로 삼기 위해서 교사는 오랜 시간 동안 친밀한 관계 속에서 학생을 관찰해야 한다.

그러면 덴마크는 어떻게 평가를 하는가? 교사는 학생 개인의 학습 능력과 사회성 발달 등을 자세하게 적어 기록부에 남긴다. 단순한 시험으로는 학생들의 변화, 성장, 특성 등을 찾아낼 수 없다. 교사가 장기간 예의 주시함으로써만 가능한 것이다. 오랫동안 신뢰를 바탕으로 이루어지는 교사와 학생 간의 학습활동이기 때문에, 교사는 누구보다 학생의 상황을 잘 파악하여 직접적이고 효과적인 교육을 이끌어 낼 수 있다. 또한 교사는 이렇게 기록한 것을 토대로 1년에 두 번 학부모와 상담을 한다. 담임 선생님은 부모에게 아이의 학교생활 전반에 대해 이야기하고 부족한 부분을 어떻게 도울 것인지 의논한다. 그것을 바탕으로 학생이 다음 한 해 동안 이행할 학습 목표를 같이 세운다. 학교와 가정에서 일어나는 전반적인 활동을 상담하면서 교사는 부모와 함께 학생의 성장과 발달을 위해 힘쓴다. 교사 혼자 책임지는 반쪽 교육이 아니라 가정과 학교에서 두루 일관성 있게 이루어지는 교육으로 말미암아, 학생은 수월하게 안정적인 가치관을 가질 수 있다.

시험이 없다면 학생들이 공부를 하겠느냐고 의구심을 표하는 사람들이 있다. 우리나라 사람들이 또 다른 교육의 성지라 생각하는 핀란드에는, 고등학교 생활 막바지에 한 번 실시하는 대입 자격 시험 말고는 정부가 주도하는 표준화 시험이 없다. 그 덕에 교사들은 책임감을 더 느끼며 수업에 들어간다.[22] 교사들은 시험에 얽매일 필요가 없어 다양한 수업을 시도할 수 있다. 학생들은 다양한 수업 형태 덕분에 더 신나게 수업에 참여한다. 더구나 시험 걱정을 할 필요가 적으니 자기 주도적 방법으로 적극적으로 즐겁게 수업에 임한다.

우리나라에서 시험을 없애자고 하면 어떤 반응이 돌아올까? 교육의 붕괴가 일어날 거라며 한바탕 소동이 일 것이다. 시험이 없으면 학생들의 성취도를 어떻게 측정하냐며 걱정할 것이다. 우리는 시험에 대해 오해하는 것이 있다. 시험을 보면 서로 경쟁하게 되기 때문에 학생들의 학업 성취도가 더 높아지리라 기대한다. 실제로 시험은 학생과 학생을 경쟁시키고, 교사와 교사를 경쟁시키며, 학교와 학교를 경쟁시킨다. 낙오된 사람은 사회적으로 미숙하고 덜떨어진 사람으로 여긴다. 그래서 지치고 가슴이 조여 오지만 그 자리를 이탈할 수 없다.

시험이라는 제도를 통해 학생들을 서열화하는 경쟁 체제는 결코 유익하지 못하다. 행복의 중심이 되는 관계를 깨뜨리며, 사람을 피폐하게 한다. 시험이 없는 교육 현장을 꿈꾸는 것은 너무 이른 초저녁의 꿈일까? 우리나라 교육 현장에도 시험이 없는 날이 서둘러 오기를 소망해 본다.

## 사제 간의 신뢰로 싹트는
## 3년 고정 담임제

"느그 아부지 뭐 하시노?"

영화 〈친구〉의 대사 한 부분이다. 과거 선생님들은 학생들에게 아버지 직업이 무엇인지 공개적으로 물었다. 사회적 지위가 인정되는 직업이면 대답하는 학생의 태도는 당당했고, 그렇지 못한 경우는 어물거리거나 기어 들어가는 소리로 대답했다. 생활환경 조사지에 부모의 직업을 기입할 때도 좋은 사회적 배경을 가지지 못한 학생들은 곤란하였다. 부모의 직업을 적게 하는 것은 학생의 가정 배경을 알고 그에 맞춰 지도하기 위한 하나의 교육적 방법이었을 것이다. 하지만 교육적 효과는 안중에 없이, 아이에 대한 선입견을 갖거나 심지어 학부모 직업에 따라 학생을 대하는 태도를 달리하는 교사도 있었다.

지금은 학교 현장에서 부모의 직업을 공개적으로 언급하거나 학생 생활기록부에 기입하지 않는다. 앞서 언급한 부작용을 없애기 위함이다. 교육은 교사 혼자만 하는 것이 아니다. 그렇다고 부모가 다 할 수 있는 것도 아니다. 가정과 학교가 깊은 연계를 가지고 협력하는 것이 기본이다. 교육에서 부모가 배제될 경우 반쪽짜리 교육이 될 수밖에 없고, 아무리 학교에서 전인적 교육을 외치더라도 단순한 구호에 머물 수밖에 없다.

덴마크의 담임 선생님은 학생에게 제2의 아버지요 어머니다. 아이에 대해 어쩌면 부모보다 더 많이 알고 있을지 모른다. 학생이 0학년 또는 1학년에 입학하면 3학년까지 한 담임이 계속하여 맡는다. 그리고 4~6학년, 7~9학년 동안 한 담임이 맡는다. 교사는 20명 내외의 학생들을 3년 동안 연속으로 맡으면서 학생들의 취향이나 특성을 잘 파악하고 끊임없이 관찰한다. 그리고 자신만의 포트폴리오를 만들어 진로를 지도한다. 그러니 학생에 대한 이해나 친밀감은 부모 못지않다고 할 수 있다.

2015년 경기도 교육청은 학생 자살 예방책의 일환으로 한 교사가 2년 동안 학급 담임을 맡는 제도를 검토한 적이 있다.[23] 학생이 문제를 겪을 경우 오랫동안 함께한 담임 선생님이 좀 더 원활하게 지도할 수 있으리라 생각한 것이다. 그런데 2년 담임제는 뚜껑도 열지 못하고 덮어야 했다. 학생이 담임 교사와 갈등을 겪을 경우 문제가 해결되지 않고 더욱 심각해질 수 있다는 이유에서다. 덴마크는 되는데 우리는 왜 시도조차 할 수 없는지 안타까울 따름이다.

우리나라 교사의 위상과 연봉은 OECD 회원국 중에서 상위권에 위치하지만 교사에 대한 학생들의 존경심과 신뢰도는 최하위권을 차지하고 있다.[24] 교사는 연봉이 높고 안정적인 직업이라 부모들은 자녀가 교사가 되면 자랑스러워한다. 그런데 정작 학생들은 교사를 존경하지도 신뢰하지도 않는다. 교사를 신뢰한다면 학생들은 지금은 어렵더라도 시간이 지나면 점차 문제가 해소될 것이라는 희망을 품을 수 있다. 하지만 교사를 신뢰하지 못하면 학생들은 시간의 힘을 믿지 않게 된다. 힘들어도 참고 지내든지 아니면 전학하는 것이 답이라고 생각할 수밖에 없다. 우리에게 부족한 학생과 교사 간의 신뢰, 바로 그것이 덴마크 학교에서 다년간의 고정 담임제를 정착하게 한 동력이었다.

그렇다면 덴마크의 고정 담임제는 어떤 유익한 점이 있을까? 먼저 인간관계에 많은 도움이 된다. 담임은 학생이 학교에 잘 적응할 수 있도록 돕는다. 학생이 잘 배울 수 있도록 항상 곁에서 관찰하며 필요한 것을 언제든지 지원하는 역할을 한다. 게다가 담임은 학교와 가정 간의 중재 및 가교 역할을 담당하여 학생들이 안정감 있게 교육받을 수 있도록 부모와 유기적 관계를 맺는다.

신뢰는 행복의 기반이며 관계는 행복의 출발점이다. 학교는 경쟁의 장소가 아니다. 학교는 신뢰 관계를 토대로 재미와 즐거움이 가득한, 행복한 공간이어야 한다. 경쟁이 주는 가장 심각한 문제는 개인들이 관계를 자기중심적으로 이용하고 결국은 깨뜨리게 만든다는 점이다. 우리가 바라는 재미와 즐거움은 이타적 관계 위에서 가능하다. 우리나라처럼 1년 담임제를 하면 학생과 교사 간에 관계를 맺기에 시간이 너무 부족하다. 1년 안에 아이들의 내면과 생활환경을 속속들이 다 알기는 어렵다. 아이들을 어느 정도 이해할 수 있겠다 싶으면 벌써 학년 말을 맞이한다.

내가 교직에 있을 때 이전 학급의 아이들을 그대로 데리고 새 학년으로 올라간 적이 있었다. 아이들에게 내가 다시 담임이 되어도 좋겠느냐는 설문을 돌리고 동의를 얻어 그렇게 한 것이다. 첫 1년은 학생들을 알아가는 시간이었다면 이듬해는 아이들과 함께 호흡하는 행복한 시간이었다. 두 번째 해는 학생들을 충분히 파악한 상태에서 시작하기 때문에 학생들에 대한 이해가 높아 관계가 더욱 돈독했다. 교사로서 마음의 여유도 생겼다. 학생들도 익숙한 선생님과 다시 한 반이 되니 신학기에 경험하는 혼란이나 분주함을 겪지 않았다. 새로운 환경에 적응하기 위한 감정 소비가 적어 덜 피곤하고, 적극적으로 학습활동에 참여하였다. 더 중요한 것은 교실에서 활발하고 원활한 소통이 일어났다는 사실이다. 그러니 생활지도나 학습지도가 훨씬 수월하고 효과적으로 이루어졌다. 아이들도 문제가 있으면 주저 없이 다가와 필요한 것이나 어려움을 이야기하고 도움을 받았다.

덴마크 학교에는 왕따가 없다고 한다. 오랫동안 한 반에 있으니 학급 구성원들이 경쟁 관계가 아니라 자연스럽게 협력하는 친구가 된다. 서로에 대한 이해는 물론이거니와 배려하고 존중하는 마음을 갖게 되니 당연한 일이다. 그들에게 공부 잘하는 것은 특별한 것이 아니다. 운동을 잘하는 것도 특별하지 않다. 축구를 잘하는 아이는 그 모습 그대로, 노래를 잘 부르는 아이도 그 모습 그대로, 그림을 잘 그리는 아이도 그 모습 그대로 인정하고 서로 배려한다.

배움이 관계를 통해 이루어진다는 것은 모두가 아는 사실이다. 세계적인 인지학자이자 교육자로서 1919년 독일 슈투트가르트에서 자유 발도르프 학교를 창시한 루돌프 슈타이너는 "교사는 인식과 사고를 논리적으로 해야 한다"고 말했다. 특히 학생들에게 가르칠 내용을 논리적으로 그 핵심까지 완전히 파악하고 있는 것이 매우 중요하다고 했다. 하지만 학생들을 가르칠 때에는 논리가 아니라 관계를 통해 가르치는 것이 무엇보다 중요하다고 강조한다. 학생들은 교사의 빈틈없는 논리 체계 안에서 배울 때보다 교사와 맺은 좋은 관계 속에서 배울 때 훨씬 잘 받아들인다는 것이다. 너무도 당연한 말이다. 영어 선생님을 좋아하면 영어를 잘하고, 국어 선생님을 좋아하면 국어를 잘한다는 것을 우리는 익히 알고 있지 않는가? 그럼에도 불구하고 우리 교육은 관계의 토대를 너무 무시하고 있다.

덴마크의 고정 담임제가 지닌 또 하나의 유익한 점은 확실하고 정확한 진로지도를 제공할 수 있다는 것이다. 담임 교사는 다른 선생님들과 협력하여 반 아이들을 위한 교수 방법을 기획한다. 그리고 학생들의 능력, 취향, 관심 등을 꾸준히 관찰하여 포트폴리오를 만든다. 또 수시로 학생과 부모를 만나 진로 상담을 한다. 7학년부터 9학년까지는 집중적인 진로 상담 시기이다. 교사는 학생을 세밀하게 관찰하며 수차례 상담한 후 9학년 졸업을 앞두고 학생의 능력과 관심에 맞는 진로를 조언하고, 부모와 학생은 대부분 이를 긍정적으로 수용한다.

우리나라 대학 진학률은 70퍼센트 정도로 세계 최고 수준이다. 하지만 이것을 자랑할 수만은 없다. 상당수의 대학생들이 다른 대학으로 편입을 하고 여의치 않으면 '반수'를 하거나 심지어 자퇴를 한다. 교사들이 학생 성적에 맞춘 진학지도는 했지만,

정작 학생들의 적성이나 특성, 관심 등을 세밀하게 관찰하지 않았기에 학생에게 적합한 진로 제시를 하지 못한 탓이다. 이로 인해 발생하는 사회비용과 시간 낭비는 엄청나다. 대학을 보내기 위한 진학지도도 중요하지만, 이제는 학생으로 하여금 자신의 앞날을 설계해 볼 수 있게 하는 진로지도가 더 중요하다. 그런 의미에서 학생을 오랫동안 살펴보고 진로지도를 하는 덴마크의 제도는 학생들이 겪는 시행착오를 줄이는 좋은 제도라 할 수 있다.

교사의 신뢰도는 교사의 교수 학습 능력과도 밀접한 관계가 있다. 교사로서 수업을 탁월하게 진행하면 신뢰도가 높아지지만 수업을 잘 진행하지 못하면 신뢰도는 추락할 수밖에 없다. 덴마크 교사들은 교사 양성 기관에서 철저하게 훈련을 받지만 현장에서도 수업 준비에 열성을 다한다. 심지어 수업 준비 시간을 줄이겠다는 정부의 방침에 반발해 교사들이 시위를 벌인 일까지 있다. 결국 정부는 교사들의 주장에 두 손을 들었다.[25] 학생과 학부모로부터 신뢰받는 교사가 되기 위해 교사 자신과 덴마크 정부는 이처럼 최선을 다하고 있다.

## 5퍼센트가 아닌,
## 95퍼센트를 위한 학교

유리 벽으로 된 자습실에서 전교 50등까지 모아 따로 공부를 시키는 학교가 있다.[26] 고등학교 1학년 부교재로 고3용 수능 대비 문제집을 쓰는 학교가 있다. 기숙사 입주 자격을 통학 거리와 상관없이 성적순으로만 부여하는 학교가 있다. 심지어 성적순으로 급식하는 학교도 있다. 다름 아닌 우리 주변의 고등학교들에서 벌어지는 모습이다.

덴마크 고등학교에는 우리나라에 흔한 '상위권 특별반'이 없다. 그들에게 공부를 잘한다는 것은 특별한 것이 아니기 때문이다. 그저 특정 분야에서 다른 사람보다 앞선 것뿐이다. 수학에서 앞설 수 있고, 과학에서 앞설 수 있고, 언어에서 앞설 수 있다.

그것은 학생을 판단하는 절대적 잣대가 되지 못한다. 공부 때문에 우쭐대거나 기죽을 필요가 전혀 없다. 우월감이나 열등감을 느낄 일이 없다. 축구를 잘하는 학생은 친구들과 축구하고, 기타를 잘 치는 학생은 함께 어울려 연주하며 노래를 부른다. 할 수 있는 것을 하고 싶은 만큼 하면 된다. 그것에 대한 평가는 그다지 중요하지 않다.

덴마크 교육 현장은 엘리트 교육, 상위 5퍼센트만을 위한 교육을 하지 않는다. 누구나 따라올 수 있는 95퍼센트를 위한 교육을 한다. 교육은 모든 사람에게 평등해야 하며 기회 또한 모든 사람에게 균등해야 한다고 생각하기 때문이다. 우리나라 교실 풍경과는 사뭇 다르다. 우리나라 중고등학교 교실은 5퍼센트만을 위한 교실 같다. 수업에 흥미를 잃은 아이들, 진도를 따라가지 못하는 아이들, 밤늦게까지 이어지는 학원 일정 때문에 지친 아이들은 수업 시간에 졸거나 멍하니 앉아 있다. 아예 대놓고 책상에 엎드려 자는 학생들도 많다. 정신을 차리고 교사의 설명을 듣는 학생은 별로 없다. 이런 상황인데도 교사들은 대놓고 학생들을 지적하거나 나무라지 못한다. 본체만체 수업 진도를 나간다. 수업에 참여하는 상위 5퍼센트만 있으면 수업은 가능하다.

반면 덴마크 교사들은 95퍼센트의 학생, 아니 모든 아이들에게 집중한다. 잘하는 학생도 있지만 분명 그렇지 않은 학생도 있기 마련인데, 덴마크는 잘하는 학생들에게만 집중하지 않고 모든 학생들에게 집중한다. 사회적 약자도 배움의 테두리 안에 들어오게 한다. 수업 내용, 수업 방법, 평가 등에서도 우리나라와 차이가 있지만, 결정적으로 학생들을 바라보는 교사의 가치관부터가 다르다.

교사들은 학생을 자신에게 예속된 미성숙한 존재라고 생각하지 않는다. 그리고 자신이 학생들을 지도하고 이끌어야 하는 존재라고 생각하지 않는다. 그들은 학생들을 개별적 독립성을 가진 성숙한 인간으로 본다. 그리고 학생이 교실 현장에서 배움과 더불어 행복감을 누리는 것이 당연하다고 생각한다. 우리처럼 나중의 행복을 위해 지금의 고통을 견뎌야 한다고 강요하지 않는다. 지금 행복하게 배우지 않으면 나중에도 행복할 수 없다고 생각한다. 배움의 과정이 고통이 아니라 행복한 경험이 되어야 한다는 것이 그들의 일반적인 생각이다. 교사는 학생들이 행복하게 배울 수 있도록 최선을 다한다. 학생 개인의 취향과 능력도 충분히 파악한다. 수업의 내용도 학생들의 흥미를 끌 수 있도록 생활 주변의 직접적인 문제들 중심으로 구성한다.

근래에 주목받는 'PBL'이라는 수업 방식이 있다. 'Project Based Learning'의 약자로, '문제 중심 학습' 또는 '문제 기반 학습'으로 번역된다. 이 수업은 창의력과 자기 주도적 학습을 통해 미래 인재를 키우는 교육 방법으로 각광받고 있다. 덴마크에서 PBL 수업을 집중적으로 하는 이유는 학생들이 협력하여 즐겁게 참여할 수 있는 수업 모형이기 때문이다. PBL 수업은 개인적으로 할 수 있는 수업이 아니다. 주제가 정해지면 그룹별로 내용을 파악하고 진행 계획을 세우며 계획에 따른 활동과 결과물을 만들어 낸다. 한두 시간의 수업으로는 끝나지 않는다. 한 과목에 한정된 것도 아니다. 여러 선생님과 그룹 친구들과 함께, 짧게는 1주에서 길게는 1년에 걸쳐 활동하여 결과물을 만들어 낸다. 그룹 내에서 서로 역할을 나누고 협력하면서 프로젝트를 진행한다. 그래서 1등도 없고 꼴찌도 없다. 모두가 수평적 관계에서 서로 의논하면서 함께 학습해 나간다.

우리나라 학생들이 공부하는 내용은 정말 학생들을 위한 것인가 하는 의심이 들 때가 많다. 수능에 나오는 영어 시험 문제는 원어민도 풀기가 쉽지 않다고 한다. 한 매체에서 캠브리지 대학에 다니는 언어학 전공 학생에게 수능시험 문제를 풀게 했다. 결과는 어땠을까? 지문을 읽기도 힘들어했다. "한국 학생들이 이것을 어떻게 풀어요? 캠브리지 입학 시험은 합격했지만 한국의 수능 문제는 못 풀겠어요."[27]

영어만 어려운 것이 아니다. 또 다른 매체에서 하버드 대학에 다니는 이과생과 한국의 고등학생에게 수학 문제를 풀게 했다. 하버드 학생은 한 문제를 두고 10여 분 동안 풀다 지우기를 반복했다. 겨우 문제를 푸는 것 같았는데 결국 오답이다. "문제가 너무 어려웠어요." 웃으며 변명했다. 한국 학생은 이 문제에 어떻게 반응했을까? "솔직히 말해서 쉬운 문제예요." 어렵지 않게 문제를 풀더니 곧 정답을 말한다.[28]

캠브리지 언어학 전공 학생도 풀기 어려운 수능 영어. 하버드 이과생도 풀지 못하는 고등학교 수학 문제. 이것을 일반적인 고등학생들에게 학교 수업만 듣고 풀라고 하면 과연 풀 수 있을까? 수능시험에서 높은 성적을 받은 학생들을 인터뷰하면 대부분 "학교 수업에 충실했고, 예습 복습을 철저히 한 것이 비결입니다" 하고 말한다. 그건 우리나라 0.1퍼센트 아이들에게만 가능한 이야기다. 대부분의 학생들은 학교 수업 시간보다 더 많은 시간을 학원에서 보내도 쉽지 않은 게 현실이다.

우리나라 영어와 수학의 난이도는 왜 이렇게 높은 것일까? 한마디로 말하면 수능시험 때문이다. 수능시험 문제를 어렵게 내는 것은 잘하는 학생과 그렇지 못한 학생을 확실하게 구별하기 위해서다. 즉 변별력을 높이기 위해 수능 영어와 수학의 난이도를 높일 수밖에 없다는 것이다. 우리 교육의 절망은 여기서 시작된다. 모든 교육의 초점은 수능시험을 잘 보는 데 맞춰져 있다.

수능시험에서 좋은 성적을 얻기 위해 학부모들은 탐정 같은 정보력을 바탕으로 상당한 금액의 돈을 투자한다. 고등학교 과목 중에서 투자 대비 가장 큰 효과를 볼 수 있는 것이 수학이라고 한다. 우리나라 수학은 웬만큼 뛰어난 학생도 혼자 공부해서는 좋은 결과를 얻지 못한다. 많은 사람들이 수학의 난이도를 낮추어야 한다고 주장하지만 혹자들은 결코 난이도가 낮아지지 않을 것이라고 진단한다. 재력을 가진 사람이 그 재력을 투자하여 효과를 톡톡히 볼 수 있는 과목이 수학이기 때문에 그들은 수학이 쉬워지는 것을 결코 원치 않는다는 것이다. 이런 상황에서, 학교 수업이 모든 학생을 위한 수업이기를 바라는 것은 세상 물정을 모르는 순진한 생각으로 치부되기 쉽다. 함께 배우고 함께 행복해질 수 있는 법을 익혀야 할 학교는, 학부모들이 가진 '실탄'을 모두 사용해야 하는 살벌한 현장으로 변하였다. 이렇게 배워서 살아남은 사람이 모여 사는 사회는 더 살벌한 서바이벌 현장일 수밖에 없지 않겠는가?

덴마크에도 우리나라의 학원과 비슷한 '웅돔스쿨'이라는 곳이 있다. 그런데 이곳은 사설 학원이 아니다. 학교 밖에 있는 아이들이나 학업에 뒤처진 아이들을 무료로 교육하는 시설로, 각시에서 운영한다. 잘하는 학생을 더 잘하게 하기 위한 곳이 아니라, 소외되거나 낙오되는 아이들을 도와 함께 살아가기 위한, 사회적 약자를 위한 시설인 것이다. '다 함께 행복한 사회'를 만들자는 사회의식과 교육철학이 잘 반영된 곳이다.

혹자는 덴마크 교육은 뛰어난 사람들이 꽃피는 걸 방해한다고 비판하기도 한다. 실제로 덴마크 교육은 상위 5퍼센트를 위한 엘리트 양성에는 부적합할지도 모른다. 그러나 낙오되는 학생 없이, 최대한 많은 학생이 행복하게 지식을 습득하여 사회에서 자기 자리를 찾아 제 역할을 다한다면, 그들은 상위 5퍼센트의 엘리트보다 훨씬 값진 사회적 결과물을 빚어 낼 것이다.

5퍼센트의 특별한 아이들만이 들어갈 수 있는 최고급 시설 특별반은, 특별한 5퍼센트를 위해 나머지 95퍼센트를 희생시키는 것을 당연시하는 우리 사회를 상징하는 풍경이다. 공동체의 진정한 행복지수는 곧 그 공동체에서 가장 약한 사람이 느끼는 행복지수와 같다. 교실에서 가장 약한 사람도 공부를 즐거워할 수 있는 학교 공동체가 진짜 행복한 학교일 것이다.

## 서열 중심 말고,
## 사람 중심 교육으로

읽기, 수학, 과학을 3년마다 평가하여 교육 정책 수립의 기초 자료로 제공하는 국제학업성취도평가, 즉 PISA는 매번 우리나라를 세계 상위권의 우수한 교육 국가로 꼽는다. 2015년 결과에 따르면 한국은 OECD 회원국 중 읽기가 3~8위, 수학 1~4위, 과학 5~8위로 상위권을 차지하였다.[29] 많은 국가들이 한국의 교육을 부러워하면서 그 원인을 연구하고 있다. 우리나라 또한 여기에 만족하지 않고 더 나은 교육을 위해 성지순례하듯이 여러 교육 선진국을 탐방하고 있다.

우리나라가 관심을 갖고 있는 대표적인 나라는 핀란드다. 우리 교육 현장에서 미래 교육을 논할 때마다 핀란드 교육을 언급한다. 핀란드가 PISA 1위라는 것이 가장 큰 이유다. 현장의 교사들뿐만 아니라 교육 정책가, 교육 행정가 등이 앞다투어 핀란드를 방문하여 1위의 비결을 찾으려고 한다. 교육 전문가들이 더 나은 교육 방법을 찾아 발 벗고 나서는 것은 박수받아 마땅하다. 하지만 핀란드가 1위를 차지한 것은 인재를 키우는 교육이 아니라 평등을 우선시하는 교육 풍토에서 비롯된 것임을 간과해서는 안 된다. 경쟁이 중심이 된 우리나라 교육에서는 이해하기 힘들겠지만, 그들은 평등을 위해서라면 기꺼이 개인의 재능을 희생할 수 있다고 생각한다.[30] 이것이 또한 국가 경쟁력을 높이는 것이라 믿고 있다.

PISA의 순위가 국가 교육의 수준을 말해 주는 객관적이고 절대적인 기준인지는 의심하지 않을 수 없다. 영국의 교육 전문가 켄 로빈슨이 말한 것처럼, 정기적이고 객관적인 가이드를 제시한다는 PISA의 목적은 충분히 이해되지만 의도하지 않은 영향력을 자아낸다는 것이 문제다. 그는 정치인들과 교육 행정가들이 PISA 순위를 자국 교육 정책의 총체적인 결과로 인식하고 교육을 더욱 표준화, 서열화하려는 시도를 한다고 지적한다.[31]

실제로 많은 국가가 PISA 순위를 자국 교육의 절대적 순위로 받아들이고 있다. 그래서 학생들을 위한 실질적 교육 계획을 세우는 것보다 PISA 순위를 끌어올리기 위한 일에만 열을 낸다는 것이다. 우리나라의 PISA 결과는 최상위권이다. 하지만 학생들의 삶의 만족도는 최하위에 머물고 있다.[32] 이런 아이러니한 상황을 어떻게 받아들여야 할까?

교육은 사회와 불가분의 관계를 가지고 있다. 그리고 교육은 사회 문화 위에 자리하고 있다. 처음 공교육이 실시되던 19세기 중반은 1차 산업혁명에서 2차 산업혁명으로 발전하던 시기로, 세계는 급속하게 산업사회로 탈바꿈하고 있었다. 교육은 그 시대를 반영하고 있다. 켄 로빈슨은 교육이 산업화 시대의 모습을 담고 있으며 사회가 산업화하는 데 알맞은 모습으로 발전했다고 진단한다. 산업화 시대에는 의사와 변호사와 같은 전문 직종, 경영 및 사무직 같은 화이트칼라 직종, 생산직을 담당하는 일반 노동자가 필요했다. 이를 위해 사람들을 능력에 따라 전문직, 화이트칼라, 노동자 계층으로 나누고 그에 맞춰 교육하여 사회와 경제 구조가 원활하게 작동하도록 했다는 것이다.[33]

일본의 대표적 지성인 오마에 겐이치 교수도 『지식의 쇠퇴』에서 비슷한 이야기를 하고 있다. 공업화 사회는 교육을 통해 개인의 편차를 만들며, 편차에 따라 주어진 역할을 익히게 하여, 사회에 나가 각 부서에서 서로 협력함으로 사회의 모든 기능이 원활하게 굴러가게 한다는 것이다.[34]

예를 들어 보자. 기주, 태준, 민철이는 한 반의 학생들이다.

평가 결과 기주는 1등, 태준이는 2등, 민철이는 3등을 했다. 기주는 바늘구멍을 통과하여 꿈에 그리던 의사가 됐고, 태준이는 의사가 되고 싶었지만 성적이 좋지 못해 대학 졸업 후 무역회사에 취직을 했으며, 민철이는 조선소에 들어가 용접공이 되었다. 이처럼 최상위 학생은 전문가 집단이 되고, 차상위는 화이트칼라, 그 아래는 노동자가 된다는 것이, 교육을 통한 서열화가 만들어 낸 사회적 기능과 역할이다.

태준이는 어릴 때부터 병든 어머니를 보면서 의사의 꿈을 꾸었지만 자기 의사와 상관없이 성적에 따라 무역회사에 취직을 해야 하고, 민철이는 감히 전문직이나 화이트칼라는 꿈도 꾸지 못한다. 개인이 가진 인격이나 취향 등 다양한 특성은 전혀 고려되지 않고 오로지 성적에 따라 결정되는 구조이다. 그리고 그것을 사회적인 문제로 보지 않고 개인의 능력 문제로 생각하여 숙명으로 받아들인다. 이것이 산업사회의 교육이 가진 결정적 특징이다.

산업사회는 더 나은 인재를 배출하기 위해 더 심한 경쟁을 시키고, 그 경쟁에서 살아남은 사람만이 승리자가 되어 많은 것을 누린다. 경쟁에서 탈락한 사람은 자신의 부족함을 탓하면서 사회적 약자로 살아간다. 산업국가에서 실시하는 교육은 이런 구조를 더욱 공고하게 하는 측면이 있다. 안타깝게도 여전히 우리나라는 이런 산업사회 구조의 교육이 최선인 줄 알고 달려가고 있다. 미래학자 앨빈 토플러는 한국의 교육이 반대의 길로 가고 있다고 지적하면서, 지금 한국 사회의 교육제도는 산업화 시대의 인력을 만들어 내기 위한 구조라고 분석한 바 있다.[35]

현대에 이르러 더욱 심각한 문제는 교육이 기업화되고 있다는 점이다. 민간 기업이나 기업가가 교육을 사유화한다. 그들은 산업 현장에 적합한 인재를 만들어 내기 위해 직접 교육 구조를 관장하려 한다. 기업가는 '교육 사업'을 통하여 교육의 본질을 추구하기보다 이윤을 남기려고 한다. 교육이 본연의 기능을 상실하고 산업 현장을 위한 부속물, 이윤을 남기기 위한 또 하나의 사업 영역으로 전락하고 있다.

현재 일어나는 많은 교육의 문제들은 산발적이고 개별적인 문제가 아니다. 증상은 여러 가지로 나타나지만 그 원인은 한 뿌리에서 나왔다고 할 수 있다. 바로 산업화 시대의 교육 구조에서 벗어나지 못했다는 사실이다. 19~20세기의 산업사회를 바탕으로 한 교육 구조로 21세기의 교육을 이끌 수 없다는 것은 자명하다. 이제는 개선이 아니라 혁신, 특히 아래로부터의 교육 혁신이 필요하다.

덴마크는 산업화에 접어든 시기가 다른 유럽 국가보다 늦었지만 기초를 확실하게 세웠다. 능력 있는 사람만이 잘사는 것이 아니라 함께 잘살 수 있는 세상을 꿈꾸었다. 교육의 목표도 산업사회에 맞는 우수한 재능을 가진 사람을 키워 내는 것이 아니었다. 학생이 자기 자신을 찾게 하는 것이 최우선이었다. 자신의 존재 가치를 발견하고, 자기가 무엇을 좋아하는지 탐색하게 도왔다. 그리고 자기만 귀한 것이 아니라 다른 사람도 귀하며 모두 함께할 때 가장 행복한 사회를 만들 수 있다고 생각하게끔 이끌었다. 그래서 산업사회를 일으키기 위한 교육 시스템이 아니라 사람 중심의 교육 시스템이 자리 잡았다. 산업을 돕는 도구가 아니라 삶의 주체자로서 자기의 길을 찾아갈 수 있게 교육했다. 이것이야말로 위로부터 내려오는 교육이 아니라 아래로부터의 교육, 일반 대중이 스스로 느끼고 생각하며, 토론하여 만들어 내는 교육이다. 산업을 위한 교육이 아니라 사람 그 자체를 위한 교육, 이것이 바로 덴마크 교육의 힘이다.

## 질문하라,
## 멍청한 질문은 없다

2010년 11월. 버락 오바마 당시 미국 대통령은 G20 서울 정상회의 폐막 연설 직후 기자들에게 질문을 받고자 했다. 한국에서 개최했기 때문에 한국 기자들에게 우선권을 주었다. 그런데 질문하는 한국 기자가 없었다. 기다리던 중국 기자가 질문을 하려고 했다. 오바마 대통령은 질문 기회를 재차 한국 기자에게 주려 했지만 손을 드는 기자는 역시 없었다. 오바마 대통령은 난감하게 웃으며 결국 중국 기자에게 질문하게 하였다.[36]

"한국 학생들은 공식과 방정식은 잘 안다. 하지만 중국·싱가포르 학생들이 하듯 수학자처럼 사고를 하는 학생은 드물다."[37] OECD 교육국장 안드레아스 슐라이허가 국내 매체와의 인터뷰에서 한 이 말은, 우리나라 교육의 단점을 정확하게 지적하고 있다. 우리나라 교육은 '생각하는 힘'을 키우는 교육이 아니다. 정답을 달달 외워 시험지에 기입함으로써 자기의 실력을 충분히 발휘했다고 착각하게 하는 주입식 교육에서 벗어나지 못하고 있다. 이런 공부 방식은 대학 입시를 앞둔 고등학생에게만 해당하는 것이 아니다. 가장 활발하게 비판적 사고를 해야 할 대학생들도 별로 다르지 않다. 최재천 교수는 대학생들의 시선이 자기만 따라다닌다며, 그들을 일컬어 '해바라기' 같다고 표현했다.

서울대생 1100명을 심층 조사하여 한국 교육의 문제를 제기한 『서울대에서는 누가 A⁺를 받는가』에서 이혜정 교수는 우리나라 교육 현장의 모습을 꼬집는다. 우리나라 최고의 대학이라는 서울대에서조차 상당수 학생이 교수의 말을 전부 받아 적어 외운다는 것이다. 어떤 학생은 교수의 농담뿐만 아니라 기침 소리까지 기록한다니……. 만일 교수와 생각이 다를 경우 자신의 생각대로 답안을 써 내겠느냐의 질문에 46명 중 90퍼센트에 해당하는 41명이 교수의 강의 내용을 적고 자신의 생각을 포기하겠다고 말했다고 한다.[38]

오마에 겐이치는 일본의 가장 큰 문제는 아이부터 어른까지 아무도 생각하지 않는 것이라고 말한다.[39] 스스로 생각하고 비판하지 않은 채 대중매체를 통해 만들어진 인기나 분위기에 의지하여 행동하는 사람들이 급증하고 있다는 것이다. 생각이 없으니 질문이 없고, 질문이 없으니 변하지 않는 답보 상태의 사회가 되었다고 보았다. 오마에 겐이치 교수는 이런 일본 사회를 향하여 "왜?"라는 질문을 던지라고 말한다. 의문을 품고 질문해야 사고가 가능해지며, 비로소 지성의 문이 열린다고 주장한다.[40]

"왜?"는 가장 기초적인 질문이며, 삶의 변화를 가져오는 질문이다. 아이들이 가장 많이 던지는 질문은 "이게 뭐야?"와 "왜?"다. "이게 뭐야?"가 대상을 알아 가기 위한 질문이라면 "왜?"는 존재론적 질문이다. 이 두 질문을 통해 사물을 알아 가고 인생의 방향을 잡아 나간다.

유대교 신학자이자 랍비인 마빈 토케이어는 5000년 유대 교육의 비밀이 '질문'에 있다고 말한다.[41] 유대인에게 있어 가장 중요하면서도 기본적인 질문은 "왜?"다. 유대인 가정에서는 가족이 식탁에 앉아 질문하고 대화하는 것이 일상이다. 아들은 아버지에게 성경에서부터 탈무드에 이르기까지 다양한 질문을 한다. 아버지는 자신이 생각하는 정답을 이야기하기보다 또 다른 질문을 유도하고 토론한다. 계속해서 이어지는 질문과 토론에는 답이 정해져 있지 않다. 끝없는 질문과 토론으로 생각의 힘을 키우고 인생의 길을 찾아 가게 한다. 이것이 우리나라에 소개된 '하브루타 공부법'이다. 유대인들은 학교나 도서관 등 어디서나 짝을 지어 질문하고, 대화하고, 토론하는 시간을 가진다.

덴마크 사회 역시 "왜?"라는 질문에 익숙하다. 덴마크 부모들은 자녀들이 질문을 하지 않으면 걱정한다. 그들은 아이들이 호기심을 많이 가진 존재이므로 수없이 질문해야 한다고 생각하며 절대 귀찮게 여기지 않는다. 아이들에게 일을 시킬 때 일방적으로 지시하지도 않는다. 그 일을 왜 해야 하는지 이유를 알려준다. 아이들은 무엇을 할 것인지, 그리고 왜 그 일을 하는지 알기 때문에, 어떻게 그 일을 하면 좋을지 나름대로 생각하여 창의적으로 접근할 수 있다. 아이들은 문제 해결의 주체로서 자긍심을 갖는다. 또한 그 과정에서 자연스레 자기 정체성을 분명하게 확립한다. 이런 사람은 쉽게 남을 부러워하거나 대중적인 인기나 분위기에 휩쓸리지 않는다.

그룬트비는 교육의 핵심이 '질문'에 있다고 보았다. 탁월한 교사는 학생들에게 정답을 말해 주는 것이 아니라 또 다른 질문을 하게 하여 스스로 그 답에 이르도록 이끈다는 것이다. 그룬트비의 사상을 이어받은 크리스텐 콜은 밤을 새워 학생들과 토론했다. 토론에서 가장 집중했던 것이 질문이다. 질문은 물상의 핵심에 접근하며 삶을 변화시킬 수 있는 강력한 힘을 가졌다고 생각했다. 그래서 콜은 소크라테스의 문답식 교수법인 '산파법'을 자주 사용했다고 한다.

지금도 덴마크 학생들은 질문하려고 수시로 손을 든다. 교사들은 학생들이 질문할 때 스스로의 생각을 깨우고 자극한다고 믿는다. 엉뚱한 질문은 있어도 잘못된 질문은 없다고 한다. 그러면 엉뚱한 질문을 할 때는 어떻게 해야 할까? 심정섭 교수는 『질문이 있는 식탁, 유대인 교육의 비밀』에서, 아이가 엉뚱한 질문을 할 때 결코 무시해서는 안 된다고 말한다. 엉뚱한 질문을 했을지라도 부모의 의견을 진지하게 들려주어 아이 역시 진지하게 생각하게 해야 한다는 것이다.[42] 덴마크 교사들도 다소 엉뚱해 보이는 질문이나 대답이 나와도 무시하지 않는다. 진지하게 들어 주고 또다시 생각할 수 있는 길을 열어 주거나 성실하게 답해 준다.

우리는 질문을 하면서 생각을 한다. 질문은 정보를 얻는 통로가 되며 다른 사람들과 관계를 맺는 중요한 끈이 된다. 아이들이 말을 배우면서 질문을 던지는 것도 이 때문이다. 질문을 무시하면 아이들은 정보를 얻지 못하는 것은 당연하거니와 생각의 문, 마음의 문을 닫아 버린다.

한 연구 기관에서 부모를 대상으로, 자녀가 질문할 때 어떻게 대응하는지를 조사했다. 83퍼센트가 자녀의 질문에 대답을 못 한 경험이 있다고 한다. 61퍼센트는 자녀의 질문이 두려워 피한다고 대답했다. 대답 못 한 질문은 '하늘이 왜 파란색인가' '달은 왜 땅에 떨어지지 않는가' 등 전문적인 지식을 요하는 것이었다.[43] 전문적인 지식을 필요로 하는 질문은 아이가 사물의 본질을 진지하게 인식하는 과정에서 나온다. 뉴턴은 23세에 아이처럼 '사과가 왜 땅으로 곧바로 떨어지지?'라는 질문을 던져, 20년이 지난 후 우주에 숨겨진 놀라운 비밀인 만유인력의 법칙을 체계화하여 발표하였다. 이처럼 사물을 인식하는 진지한 질문은 신비하고 새로운 지식의 문을 연다.

아이들이 던지는 진지한 질문에 정답을 가르쳐 줘야만 한다는 부담을 가질 필요는 없다. 아이들이 마음껏 질문할 수 있는 환경을 만들어 주는 것 자체가 중요하다. 어떤 엉뚱한 질문이든 진지하게 함께 생각할 수 있는 기발한 질문으로 승화시키려는 마음이 필요하다. 마음껏 질문하는 학교 풍토를 통해, 잠자는 생각을 깨우고 묵은 지식을 몰아내고 새로운 지식을 알아 가는 생기 있는 교실이 되기를 소원해 본다.

## 자기에게 맞는 옷을 입고
## 자기의 시간대를 살아간다

"우리 집 아이들은 달라도 너무 달라요!"

자녀가 둘이나 셋, 혹은 그 이상인 가정의 부모가 하는 푸념이다. 한날한시에 태어난 일란성 쌍둥이도 서로 다르듯, 한 부모에게서 태어난 아이들도 각각 다양성을 가지고 있다. 행동이 재빠른 아이가 있는가 하면 굼뜬 아이도 있다. 말이 빠른 아이가 있는가 하면 느린 아이도 있다. 움직임이 심한 아이가 있는가 하면 조용히 있는 아이도 있다. 사람을 타고 노는 아이가 있는가 하면 혼자서 잘 노는 아이도 있다. 서로 다른 점을 찾노라면 수없이 많다. 이처럼 다 다른 아이들을 다 똑같은 아이로 간주하고 같은 방식으로 교육하는 것은 아이들 각각의 개성을 깡그리 무시하는 끔찍한 일이 아닐 수 없다.

덴마크 교육은 각자의 개성을 존중하고 인정한다. 학생들은 다른 사람과 똑같은 길을 가야 한다거나 똑같은 줄에 서야 한다고 생각하지 않는다. 지능도 IQ 중심으로 줄을 세우지 않는다. 다양한 지능이 있으며, 사람에 따라 조금씩 차이가 있을 뿐이라고 생각한다. 다중지능, 즉 언어지능, 논리수학지능, 공간지능, 인간친화지능, 자기이해지능, 음악지능, 신체운동지능, 자연친화지능 등 여러 지능 가운데 개별 학생에게 특화된 것이 무엇인지를 파악하여 잘 발전시켜 나가는 것이 중요하다고 생각한다. 어느 것이 더 낫다고 비교하지 않는다.

사람마다 배우는 방법이 다양하다는 점도 인정한다. 우리나라 학생들은 대부분 교사의 일방적인 설명이나 가르침을 통해 배운다. 눈으로 교사를 주시하고 귀를 기울여 듣는 것이 가장 좋은 배움의 자세라고 여겨 왔다. 교사에게서 경청, 집중하라는 말을 많이 듣는다. 우리가 배우는 방법은 이처럼 대부분 수동적인 형태에 그친다. 그러나 배움은 모든 감각기관에서 일어나는 것이다. 촉각, 후각, 미각, 청각, 시각이 모두 동원되어야만 한다. 물론 시각과 청각은 가장 쉽게 지식을 습득할 수 있는 통로다. 하지만 뇌의 활동이 가장 왕성하게 일어나는 것은 모든 감각을 활용할 때이다.

아이가 레몬을 공부한다고 해 보자. 교과서에 있는 그림을 보면서 "레몬"이라고 몇 번 외친다. 조금 후에 노란 레몬 그림 아래 빈 괄호에 '레몬'이라고 적는다. 이로써 교사와 부모는 아이가 레몬을 잘 알게 되었다고 믿는다. 아이는 정말 레몬을 잘 알고 있는 것인가? 단지 레몬의 색깔과 모양만 시각적으로 알 뿐이다. 진짜 레몬을 가져와서 학생에게 건네줘 보자. 그리고 만지게 한다. 노란 레몬을 손으로 만지면 올록볼록한 면이 거칠지 않고 부드럽다는 사실을 깨닫는다. 잘라서 비비며 소리를 들어 보게 한다. 그리고 맛을 보게 한다. 냄새도 맡게 한다. 모든 감각을 동원하여 레몬에 대해 익히면 레몬이 어떤 것인지 정확하게 알 수 있다. 엄마가 레몬차를 마시면서 살짝 인상을 찡그린 이유를 알 수 있고, 생선회 위에 왜 레몬 조각을 얹어 두는지 등 또 다른 질문으로 발전해 갈 수 있다.

덴마크는 사람마다 관심사, 기질, 재능, 좋아하는 것이 다르다는 점을 인정한다. 그래서 학생들의 인생을 일직선상에 세우지 않는다. 그가 가진 특성에 따라 어떤 길로든 갈 수 있다고 믿는다. 자기에게 맞는 길이 없으면 스스로 만들 수 있는 기회를 준다. 그런데 우리의 교육 현장에서 하고 있는 표준화된 교육과 표준화된 시험은 학생들에게 자기의 색을 버리고 사회가 요구하는 동일한 색을 입도록 강요한다. 교육은 학생 각자가 자기의 길을 갈 수 있도록 도와주어야 한다. 다른 사람이 가지 않은 길을 가다 보면 실패와 실수가 생길 수 있다. 하지만 결국 남이 발견하지 못한 것을 발견하고 새로운 세상을 연다. 무모한 시도는 인류의 삶을 향상시켜 왔다.

덴마크는 공부만을 강요하는 사회가 아니다. 자기가 하고 싶은 일이 있으면 일찍부터 그 일에 도전할 수 있도록 사회가 뒷받침해 준다. 자기의 취향에 맞는 학교가 없으면 같은 취향을 가진 사람들끼리 모여 학교를 만들 수도 있다. 그러면 정부는 그곳에 지원을 해 준다. 다양성을 인정하고, 남과 다르게 살아가더라도 불편함이 없도록 사회가 돕고 있다.

덴마크는 속도가 다른 것도 인정한다. 걸음걸이가 빠른 사람이 있고 느린 사람이 있듯이 학습의 속도에도 차이가 있다. 어떤 사람은 암기력이나 이해력이 뛰어나지만 그렇지 못한 사람도 있다. 느린 사람이 빠른 사람에 비해 잘못되었거나 부족한 것이 아니다. 단지 다른 속도를 가졌을 뿐이다. 모든 사람이 빠르게 달릴 수 없다. 억지로 빠르게 달리다 보면 달리기 자체가 고통이 된다. 학습도 그렇다. 다른 사람을 의식하거나 경쟁하는 학습은 고통이 된다.

하버드 대학교에서 긍정심리학을 가르친 탈 벤샤하르 교수는 고통의 과정을 동반하는 학습법을 '잠수 방식'이라고 말한다.

물속에서 고통스럽게 숨을 참고 있다가 물 밖으로 나오면 안도감을 느끼는 것처럼, 고통스러운 학업 과정 끝에 느끼게 될 행복감을 학습의 동기로 부여하는 방식이다. 이처럼 학습을 고통스럽게 하는 사람들은 성취감이 주는 잠시의 기쁨을 느끼지만, 학습하는 기간 내내 고통에서 벗어날 수 없다. 한편 탈 벤샤하르는 '잠수 방식'과는 전혀 다른 '연애 방식' 학습법을 소개한다. 공부하는 과정 전체를 스스로 이끌어 가며 즐거움과 만족감을 느끼게 하는 학습법이다. 결과로 행복해하는 것이 아니라 모든 과정에서 행복감을 누리는 것이다. 이것은 경쟁에 희생당할 염려가 없고 시간의 구애를 받지 않고 자기 속도로 갈 수 있을 때 가능하다.[44]

덴마크의 에프터스콜레는 학생들이 인생의 속도를 조절하면서 자신에게 알맞은 길을 찾아 가도록 돕는 교육 공동체다. 이 공동체의 가치를 사회가 인정하고 부모가 인정한다. 학교는 가정과의 유대를 통하여 학생의 재능과 관심사를 발견하고, 진로를 모색하며, 자기만의 색깔을 가지도록 격려한다. 사회도 많은 사람이 우러러보는 좋은 직장이나 직업을 가지는 것을 훌륭하다 칭찬하지 않는다. 자기의 관심 분야를 따라 자신의 길을 찾아 가는 것을 훌륭하다고 한다. 부모가 기뻐하는 때는 자녀가 1등 했을 때가 아니라, 스스로 하고 싶은 무언가를 발견했을 때이다. 무엇이든 상관없다. 자녀가 좋아하고 도전할 게 생겼다는 것이 중요하다. 그것이 나중에 바뀐다 할지라도 지금 아이에게는 충분히 가치 있는 것이니 그 진심을 격려하고 자랑스러워한다.

덴마크에는 '다수는 소수를 보호해야 한다'는 사회의식이 있다. 이 의식은, 학생 12명만 모여도 정부가 그 모임을 학교로 인정하고 지원해야 한다는 정책으로 이어졌다. 그들의 사상과 교육 방법이 다수의 그것과 다를지라도, 사회의 다양성을 위해 이들을 보호하고 지원해야 한다고 생각한다. 소수가 다수 앞에서 영향력을 갖지 못하는, 힘의 논리가 지배하는 우리 사회와는 너무도 다른 모습이다. 소수를 보호하고 다양성을 존중하는 사회에서 사람들이 더 자유롭고 행복한 삶을 살 수 있음은 너무도 당연하다. 소수를 위한 다수의 배려는 일방적 희생이 아니다. 건강한 사회를 만들어 모두가 행복하게 살아가기 위한 길이다.

## 생활에 필요한 것은
## 학교에서 배운다


당신은 가족 중 누군가가 갑자기 호흡곤란으로 쓰러진다면 심폐소생술을 실시할 수 있는가?

근래 대한심폐소생협회가 서울시민 1007명을 대상으로 조사한 결과, 62퍼센트가 심폐소생술을 모른다고 답했고, 약 35퍼센트는 알고 있다고 답했지만 사실은 제대로 알지 못했다. 실제로 심폐소생술을 정확히 알고 실시할 수 있는 사람은 3퍼센트에 불과했다. 심장 이상 환자를 제일 처음 발견한 사람이 심폐소생술을 시도하는 경우가 50퍼센트에 달하는 미국은 생존율이 20퍼센트가 넘지만, 심폐소생술을 시도하는 경우가 5퍼센트에 불과한 우리나라는 생존율이 2.5퍼센트에 그친다.[45] 이 문제의 책임을 학교 교육에 전가할 수는 없지만, 학교에서 응급의료 교육을 실시하여야 함은 자명하다. 가장 기초적인 것은 학교를 통하여 배우는 것이 일반적이기 때문이다. 하지만 우리나라 교육과정에서는 이런 교육이 아직 부족한 상황이다.

초등학생들에게 수영 수업이 필요하다는 의견은 오래전에 대두되었다. 하지만 여건의 어려움을 토로하면서 제대로 실시하지 못하였다. 그러다 세월호 사고 이후 허겁지겁 수영을 교육과정에 집어넣었다. 이제야 생존 수영이란 이름으로 영법 수업 6시간, 생존 수영 4시간, 총 10시간을 교육한다. 하지만 10시간 남짓한 교육으로는 물에 뜰 수조차 없다고 한다.[46] 그것도 하루 2시간씩 한 주에 몰아서 하는 곳이 많아 아이들의 체력으로 감당할 수 있을지 의문스럽다. 결국 생존 수영마저 보여 주기식 교육 행정이 아닌가 싶어 안타깝다. 교육열이 높은 강남에서는 물에 뜨지 못하는 자녀가 소외받을까 봐 수업 전에 미리 사교육을 시키는 실정이다.[47]

반면 일본은 초중등학교에서 수영을 정규 수업으로 다루도록 '학교교육법 시행규칙'에 명시하고 있다. 1~2학년은 물놀이, 3~4학년은 뜨기와 헤엄치기, 5~6학년은 수영을 한다. 이렇게 단계적, 체계적으로 학교에서 수영을 배우기 때문에 따로 수영을 배울 필요가 없을 정도다.

우리 교육은 과도한 입시 경쟁으로 인해 풍성한 삶을 위하여 배우고 익히는 참된 학습이 사라진 지 오래다. 실생활에 필요한 것을 학교에서 거의 배우지 못하고 있다. 배우더라도 입시 교육에 끼여 있어 수박 겉핥기식이다. 학교의 전반적인 교육과정은 삶과 동떨어진 지식 교육으로 채워져 있다. 앨빈 토플러는 지난 2007년 "한국 학생들은 하루 15시간 이상을 학교와 학원에서, 자신들이 살아갈 미래에 필요하지 않은 지식을 배우기 위해, 그리고 존재하지도 않을 직업을 위해 허비하고 있다"라고 말했다. 미래에 필요한 지식은 고사하고 현재 필요한 지식도 배우지 못하고 있는 것이 현실이다. 부모들은 "애는 공부 말고 아무것도 몰라요"라고 변명하며, 공부로 인해 현실에서 멀어지는 것이 당연하다는 듯 호도하고 있다.

케이블 채널 tvN에서 교육 선진국의 교육 현장을 취재하여 방영한 〈수업을 바꿔라〉 덴마크 편을 보면, 교육이 삶과 결코 동떨어질 수 없음을 알 수 있다. 제작팀이 방문한 곳은 덴마크 코펜하겐에 있는 아마 페레드 스콜레다. 이 학교는 100년의 역사를 가지고 있는데, 지금은 요리 수업이 교육과정의 핵심이다.

수업은 4명의 전문 요리사가 함께한다. 12명의 4학년 학생들은 이들 요리사와 함께 학교 급식소의 음식을 만드는 수업을 한다. 이들이 만든 음식은 전교생이 점심으로 먹는다. 식재료의 상태를 눈과 코를 통해 확인하고, 식재료를 다듬고, 계량기로 측정하고, 적당한 크기로 자르고, 알맞게 배합하고, 칼질을 하고……. 학생들은 음식을 만들기 위해서 생물, 미술, 과학, 수학 등 그들이 아는 지식을 총동원하고 있었다. 점심시간이 끝나면 학생들은 역할을 나눠 식당을 정리한다. 그들의 요리 시간은 그 어떤 수업보다 많은 배움을 얻는 시간이었다. 교실에서 배우는 것이 실제 현장에서 다른 사람을 위해 사용하는 지식으로 승화하니 즐거움과 보람이 배나 녹아 있는 행복한 교육 현장이다.[48]

제작진은 다음으로 자전거 수업을 프로젝트로 하는 릴레베아료세 스콜레를 방문했다. 덴마크는 자전거 왕국이라 할 만큼 자전거가 널리 이용된다. 자동차 수보다 자전거 수가 많고, 일반인들은 물론이거니와 유명 정치인들도 자전거로 출퇴근하는 경우가 많다. 학생들도 90퍼센트 이상이 자전거로 통학한다. 그러니 어릴 때부터 자전거와 친근하고 집에서 부모에게 배울 수 있다. 이처럼 일상에서 해결할 수 있는 것을 굳이 학교에서 배울 필요가 있겠나 싶은데, 덴마크는 학교에서도 자전거를 아주 중요하게 가르친다. 살아가는 데 많이 필요한 것일수록 더욱 철저하게 가르쳐야 한다는 것이다.

자전거 수업은 실내 수업과 실외 수업으로 나뉘는데, 특히 자전거 안전 수칙을 고학년이 저학년에게 직접 가르치는 모습은 아주 인상적이었다. 또 학생들은 자전거 바퀴를 통해 원을 배우고, 프레임을 통해 삼각형을 배웠다. 수학은 어려운 기호와 공식으로 된 학문이 아니라 삶을 돕고 풍요롭게 하는 학문이라고 자연스레 여길 수 있었다. 야외 수업 때는 지역 내 전문가들이 직접 와서 가르쳤다. 프레임을 분리하고 조립하며 구조를 배움으로써, 학생들은 자전거에 문제가 발생해도 별 어려움 없이 스스로 해결할 수 있게 된다. 자전거 타기가 삶에서 중요하니 자전거 안전 수칙과 자전거 구조를 학교에서 배우는 것은 너무도 당연하다.[49]

덴마크 학교는 우리나라처럼 '국영수'가 중심 교과를 차지하지 않는다. 물론 진학을 위해 수학을 열심히 준비하는 학생도 있다. 그렇다고 그 교과에만 매이지 않는다. 삶을 풍요롭고 재미있게 하는 교과에 더 매력을 느낀다. 수업을 마치면 또 다른 다양한 교과가 준비되어 있다. 목공실, 무용실, 공예실, 온실, 악기실, 요리실, 체육관, 재봉실, 레고실 등. 수업 시간에도 이런 특별실이 활용되지만 더 관심 있는 학생들을 위해 방과 후에도 개방된다. 학생들은 대부분 흥미를 갖고 자발적으로 참여하기 때문에 교육효과가 높다. 거의 준전문가 수준의 기술을 습득한다. 가정에서 필요한 여러 기술을 학교에서 배우기 때문에, 집 안 어딘가에 문제가 생기면 비싼 인건비를 주고 사람을 부르지 않고 직접 해결한다.

에프터스콜레는 덴마크 학생들이 가정을 떠나 사회에 진출하는 첫 시기에 찾아가는 곳이다. 직장생활은 아니지만 공동체 생활을 하면서 실질적인 삶의 공부를 한다. 에프터스콜레에서는 평소 자신이 관심 갖고 있던 분야를 배운다. 기숙사 생활을 통하여 더불어 사는 삶을 배운다. 실제적인 책임을 가지고 요리, 빨래, 청소, 정리 정돈 등의 일을 한다. 대부분 가정에서 어릴 때부터 해 온 것이라 별 어려움이 없지만, 자신이 책임져야 하는 분량은 적지 않다. 때로는 갈등 상황이 벌어지기도 한다. 그 갈등을 해결하는 것은 공동체의 몫이다. 서로 불편한 부분을 정확하게 말하면서 해결 방안을 내놓고 타협점을 찾아 간다. 이 모든 과정이 삶을 가꾸는 필수적인 요소이다.

덴마크는 가정에서도 실리적이고 실용적인 교육을 한다. 어릴 때부터 가정에서 청소나 설거지 등 자기가 맡은 역할을 해야 한다. 가족의 일원으로서 가사에 동참하는 것을 당연하게 여긴다. 어느 정도 자라면 아르바이트를 한다. 10대 중후반 청소년의 대다수가 아르바이트를 하고 있다. 이들이 아르바이트를 하는 것은 단순히 돈을 많이 벌기 위해서가 아니다. 그들은 일하는 것을 당연하다고 여긴다. 부모들도 자녀가 일을 하는 것은 곧 중요한 배움이라고 생각한다. 아이들은 아르바이트를 통해 얻은 돈을 저축하는 통장을 가지고 있다. 이로써 일뿐만 아니라 돈을 잘 관리하는 법도 어릴 때부터 스스로 터득한다.

덴마크는 가족을 중요하게 생각함에도 불구하고, 청년들은 18세가 되면 대부분 가정에서 독립을 한다. 가정에서 독립하면 자유를 누릴 뿐만 아니라 정부의 지원금을 더 많이 받을 수 있다. 물론 집에 머무는 청년들도 있다. 이 청년들은 부모에게 방값을 지불하기도 한다. 청년들은 정신적으로나 재정적으로 부모에게 묶일 필요가 없다. 가정도 학교와 마찬가지로 이렇게 실용적인 선택을 한다.

반면 우리나라 학생들은 오로지 수능시험을 향해 적어도 12년을 달린다. 수능시험을 마친 후 책을 찢는 고등학생들이 있다. 생명 없는 공부에 짓눌렸으니 그것에서 벗어나는 날, 책을 찢음으로써 마음에 쌓인 스트레스를 먼지 털듯 털어 버리는 것이다. 생명 있는 공부, 삶을 풍요롭게 하는 공부를 했다면 그들의 삶의 질은 윤택해졌을 텐데. 그리고 책을 찢어 버리는 퍼포먼스는 필요 없었을 텐데. 삶을 살찌게 하는 참된 배움이, 우리 아이들이 가장 많은 시간을 보내는 학교에서 일어나기를 바란다.

## chapter 3

우리의 행복한 미래 교육은 어디에

:: 이 땅의 학생들을 위하여

## 창의융합 교육,
## '덜어 냄'에서 시작하라

2016년 3월, 최고의 기사 이세돌 9단과 바둑 인공지능 프로그램 알파고와의 대결은 세계의 이목을 집중시켰다. 대국에 임하기 전 이세돌 9단은 5대 0 또는 4대 1로 이길 것이라고 장담했다. 바둑의 전체 수가 우주 전체의 원자 수보다 많다면서 인간 이세돌 9단이 알파고를 이길 것이라는 예측이 우세했다. 그런데 처음부터 알파고는 상상을 뛰어넘는 기력을 과시하며 이세돌 9단을 몰아붙였고 이세돌은 힘없이 밀렸다. 결과는 4대 1, 인공지능 알파고의 승리였다. 사람들은 인공지능 알파고의 능력에 충격을 받고 위기감을 느꼈다. 그리고 사회 여기저기서 4차 산업혁명이란 단어가 화두로 떠올랐다.

4차 산업혁명을 준비하던 사람들은 이세돌 9단이 유일하게 이긴 4국에 주목한다. 인간이 유일하게 이긴 한 판에서 알파고가 따라올 수 없는 비법을 찾으려는 것이다. 특히 '백 78수'에 주목한다. 이 수는 세상에 나온 모든 기보를 다 외운 알파고도 전혀 예상하지 못한 '신의 한 수', 즉 '창의적인 수'였다. 예상치 못한 '창의적인 수'에 알파고는 흔들렸고 자멸했다.

세계의 저명한 기업인, 경제학자, 저널리스트, 정치인 등이 모여 세계 경제에 대해 토론하는 세계경제포럼(WEF)의 2016년 주제는 '4차 산업혁명'이었다. 4차 산업혁명은 산업과 경제의 변화를 넘어 인류의 삶과 미래를 바꿔 놓을 수 있는 쓰나미로 인식되고 있다.

4차 산업혁명은 빅데이터와 딥러닝(Deep Learning)을 바탕으로 한 인공지능, 사물인터넷, 로봇공학, 3D 프린팅, 나노 기술, 무인 운송 수단 등 6대 분야에서의 새로운 기술혁명을 말한다. 이것은 단순히 기술의 발전만을 의미하는 것이 아니라 삶의 전반에 걸친 패러다임의 전환을 의미한다. 농업경제에서 산업경제로 넘어갔을 때처럼 사회의 구조와 인식의 틀이 급격한 변화를 겪게 될 것이라 한다.

인터넷에 연결된 옷을 입고, 무인 자동차를 타고, 가정이나 회사에서 로봇이 단순한 일들을 맡아서 하며, 로봇 의사가 진료를 하고 로봇 약사가 약을 조제하고, 3D 프린터로 자동차와 집도 만들 수 있는 시대가 다가오고 있다. 하지만 미래는 모든 사람에게 파라다이스를 제공하지만은 않는다.

세계경제포럼에서 2016년 발표한 '미래 고용 보고서'에 따르면 4차 산업혁명으로 인한 미래 고용시장 변화는 충격적이다. 2020년까지 200만 개의 새 일자리가 생겨나고 710만 개의 일자리가 사라져, 결국 500만 개 이상의 일자리가 감소할 것으로 예상했다.[1] 사라지는 일자리는 사무관리직을 비롯하여 제조업, 건축업, 경영업, 금융업, 각종 서비스업 등 사회 전반에 걸쳐 있다. 또 다른 보고서는 현재 7세 이하 어린이가 사회에 진출할 무렵에는 현 직업의 35퍼센트만 남아 있고, 현재 존재하지 않는 직업을 갖게 되는 사람이 65퍼센트에 달할 것이라고 전망하고 있다.[2] 이렇게 급격하게 변화하는 흐름 속에서 어떤 교육을 해야 하느냐는 중요한 문제가 아닐 수 없다.

대부분의 교육학자들은 인공지능을 '뛰어넘는' 능력을 가져야 한다고 말한다. 인공지능을 '뛰어넘는' 능력이란 무엇을 의미하는가? 앞서 말했듯 인공지능은 빅데이터와 딥러닝을 바탕으로 한다. 즉, 엄청난 양의 자료를 쉬지 않고 놀라운 속도로 익힌다는 것이다. 알파고와 이세돌의 바둑 대결에서 이세돌은 대국을 마친 후 밤에 잠을 자야 했지만, 알파고는 잠도 자지 않고 기보의

데이터를 빨아들였다. 지식의 양을 가지고는 인공지능을 절대 이길 수 없다. 그러므로 우리는 이세돌 9단이 4국 백 78수에서 보여 준 '신의 한 수' '창의적인 수'와 같은 것을 익혀야 한다. 로봇 과학자 데니스 홍은, 앞으로 인간은 로봇 또는 인공지능 기술들이 할 수 없는 분야를 중점적으로 계발해야 한다고 말한다. 바로 창의력을 말하는 것이다. 나아가 그는 놀이를 통하여 많은 경험을 쌓고 서로 다른 영역과 소통하고 융합할 때 창의력이 계발된다고 말한다.[3]

　　세계경제포럼에서는 2020년에 요구되는 교육 목표 5가지 안에 '복잡한 문제를 푸는 능력'과 '창의력'을 포함시켰다.[4] 복잡한 문제를 풀어낼 수 있는 창의적인 사람이 미래 사회에 적합한 인재라는 것이다. 복잡한 문제를 풀기 위해서는 다면적으로 접근해야 한다. 수학, 과학, 기술, 인문, 예술 등 여러 분야를 아울러 종합적으로 접근할 때 문제를 해결할 수 있다. 여기에 창의성을 더한다면 문제의 해결을 넘어 미래 사회에 적합한 제3의 대안을 만들어 낼 수 있다. 이것이 미래 교육의 중심이 되는 '융합창의력'이다. 그래서 '융합창의력'은 1+1=2를 뛰어넘는 더 큰 결과를 만들어 낸다. 융합 교육의 바람을 몰고 온 스티브 잡스는 '인문학과 기술이 만나는 지점'에 애플이 존재한다면서 "나에게 소크라스테스와 한 끼 식사할 기회를 준다면 애플이 가진 모든 기술을

그 식사와 바꾸겠다"고 말했었다.[5]

　덴마크 교육은 개인의 자율성을 바탕으로 한 융합과 유연성이 녹아 있는 교육이다. 특별히 미래 교육을 고민하면서 프로그램을 만들지는 않았다. 중앙정부는 방향과 목표를 제시하고 지방정부는 교육을 수행할 수 있는 제반 여건을 만든다. 그리고 교사는 학생들의 특성을 고려하여 즐겁고 재미있게 참여할 수 있는 교육 프로그램을 만들어 간다. 실제로 창의융합적 교육은 지금 하는 것에 무엇을 더한다고 되는 것이 아니다. 좋은 창의적 프로그램을 운영한다면서 겉으로 하는 척할 수는 있으나 실질적인 효과를 거두기는 쉽지 않다. 전문가들은 지금 우리가 하고 있는 교육에서 무언가를 '덜어 내는' 것이 창의융합 교육의 시작이라고 말한다. 수업량을 줄이고 목표 도달치를 낮추라는 것이다. OECD에서 발표하는 학습효율화지수에 따르면 우리나라는 이미 임계점을 넘어섰다. 시간과 돈, 노력을 들이면 그 투입량에 따라 효율성이 나타나는데, 우리나라는 임계점을 넘어 시간과 돈과 노력을 들여도 더 이상 효과가 나타나지 않는다는 것이다.[6] 그럼에도 더 투자하는 것은 효율 없는 낭비일 뿐만 아니라 부작용의 원인이 될 수도 있다.

　창의력 전문가들은 창의융합은 뇌의 유연성에서 시작된다

고 말한다. 뇌의 유연성은 일어나는 문제를 새로운 관점에서 바라보고 다양한 방식으로 접근하는 힘이다. 이런 유연성을 가지기 위해서는 뇌에 충분한 휴식과 흥미로운 활동을 제공해야 한다. 뇌가 지쳐 있으면 다른 새로운 시각을 가지지 못한다. 여유로움을 넘어 심심할 때 뇌는 창의적인 활동을 위한 호기심을 가진다. 자기가 느낀 호기심을 찾아 가는 활동이 가장 재미있는 활동이다. 호기심을 해결하기 위해 스스로 다양한 방식을 동원하게 되기 때문이다.

덴마크 학생들은 주위 사람들을 의식하지 않고 자기에게 맞는 수업의 난이도를 선택한다. 교사도 오랫동안 지켜보기 때문에 그 학생에게 맞는 속도와 양을 충분히 고려한다. 그리고 학생이 흥미로워하는 수업 방법이나 과목을 제공한다. 융합창의력은 프로그램화된 수업으로 만들어지는 것이 아니라 자율적이면서 관용적이고 유연성 있는 사회의식과 구조 속에서 자연스럽게 만들어진다.

「매일경제」와 카이스트, 충남 교육청 등이 공동으로 융합창의력과 내신 성적과의 상관관계를 조사한 적이 있다. 그 결과, 융합창의력과 내신은 상관관계가 없음이 밝혀졌다. 학교 공부를 잘하는 사람이 곧 융합창의력이 뛰어난 사람인 것은 아니라는 뜻이다. 그런데 주의해서 봐야 할 점이 발견되었다. 학교 성적이 하위권인 학생들 중에서도 융합창의력 테스트에서 높은 성적을 받은 학생이 상당수 있다는 것이다. 융합창의적인 학생이 현 교육 시스템에서 성적이 나쁠 수도 있고, 나아가 현 교육 시스템이 융합창의력을 키워 주지 못한다는 결론을 내릴 수밖에 없었다.[7]

이제 우리 교육이 바뀌어야 한다는 것은 자명하다. 바뀌는 정도가 아니라 혁신이 일어나야 한다. 그런데 그 혁신은 교육 분야에서 뼈를 깎는 노력을 한다고 해서 가능한 것이 아니다. 교육 혁신은 단지 교육의 문제가 아니기 때문이다. 교육의 변화를 그렇게 외치건만 매번 실패하는 이유는 그 변화를 교육 분야에서만 모색하려 하기 때문이다. 교육의 변화는 교육이 딛고 있는 기반의 변화가 선행되어야 가능하다. 그 기반은 사회와 정치다.

## 집단지성,
## 우리는 나보다 똑똑하다

영국의 우생학 창시자인 프랜시스 골턴이 영국 서부 시골 마을을 방문했을 때의 일이다. 그곳에서는 소의 무게를 실제와 가장 근접하게 맞히는 사람에게 그 소를 상품으로 주는 대회가 열리고 있었다. 수백 명의 사람들이 무게를 써서 제출했다. 실제로 측정한 소의 무게는 1198파운드. 정확하게 맞힌 사람은 없었다. 그런데 이내 놀라운 결과가 밝혀졌다. 수백 명의 사람들이 적어서 낸 소 무게의 평균을 구하니 실제보다 딱 1파운드 모자란 1197파운드였던 것이다. 어느 개인의 추측보다도 실제에 근접한 무게였다.

미국의 경영 칼럼니스트 제임스 서로위키는 이를 '집단지성'이라고 설명한다. 소수의 우수한 엘리트나 전문가의 능력보다, 다양성과 독립성을 가진 집단의 통합된 지성이 올바른 결론에 가깝다는 주장이다. 과거 시대는 공부를 많이 한 소수의 엘리트들이 지식을 점유하고, 일반 사람들은 그들에게서 지식을 얻는 지식 편중화 사회였다. 그때는 대중의 합의된 지식보다 소수 엘리트의 영향이 훨씬 컸다. 지식이 특정 엘리트에게 쏠려 있는 사회에서 대중의 힘은 미력했고 수동적일 수밖에 없었다.[8]

하지만 지금은 지식을 어디서나 쉽게 얻을 수 있다. 매스미디어뿐만 아니라 출퇴근길 지하철에서 마음만 먹으면 스마트폰을 통하여 실시간으로 지식을 습득할 수 있다. 지식이 특정인에게 몰려 있지 않고 누구든지 쉽게 접근하고 얻을 수 있다. 이제는 지식 대칭의 시대. 우리는 지금 특정한 소수의 엘리트 지성보다 대중들이 가지는 '집단지성'이 더 올바른 정책을 만들고 더 바르게 결정할 수 있는 사회에서 살아가고 있다.


미국 다음가는 경제 대국으로 호황을 누리며 잘나가던 일본은 지금 '잃어버린 20년'을 말하면서 경제 침체에 빠져 있다. 오마에 겐이치는 『지식의 쇠퇴』에서 그 원인을 집단지성의 부재에서 찾고 있다. 그는 21세기는 집단지성이 높은 나라가 승자가 될 것이라고 내다본다. 그러면서 현재 일본은, 개인이나 일부 기업의 능력은 일정 수준 이상인 데 반해 집단지성이 현저하게 낮은 것이 문제라고 지적한다. 그는 일본의 집단지성이 낮은 이유를 대중 미디어의 영향으로 보고 있다.

오마에 겐이치가 원인으로 꼽는 또 다른 한 가지는 교육정책이다. 그는 일본의 교육을 주입식 교육, 수험 일변도 교육, 편차치에 의한 선별 교육이라 평하면서, 일본 정부는 국민교육을 '우민정책'으로 전환했다고 혹평한다. 특히 그 중심에는 편차치 교육, 즉 성적으로 우열을 가리는 교육이 자리하고 있다고 말한다. 일본 대중은 성적이 뛰어난 학생은 모든 판단이 바르고, 성적이 낮은 학생은 성적만큼 판단력이 떨어진다는 생각을 이미 학창 시절에 고착화한다. 학교를 졸업하고 사회에 진출하더라도 이 틀에서 벗어나지 못한다. 그래서 대중은, 성적이 좋은 소수의 엘리트는 머리가 좋아 틀린 결정을 하지 않으리라 믿는다. 다수의 평범한 사람들은 그들의 결정에 따르기만 하면 된다는 단순한 생각을 가진다. 성적이 우수한 사람들은 정부의 고위직에 진출하거나 언론 등 전문직에 종사한다. 그러면 대중은 소수 엘리트가 결정한 국가의 정책이나 홍보를 따지지 않고 받아들인다. 언론도 엘리트가 일하는 곳이기 때문에 의심받지 않는다. 이것이 일본이 침체의 늪에 빠진 이유이자, 그 늪에서 장기간 허우적대는 이유라고 오마에 겐이치는 분석한다.

이런 일본의 모습이 낯설지 않다. 우리나라 교육이 일본 교육의 영향을 많이 받은 것은 다 아는 사실이다. 성적이 사람의 인격마저 대변하는 사회에 우리는 살고 있다. 오마에 겐이치 교수가 지적한 현상들은 우리 사회 전반에서도 목격할 수 있고 우리 심리 깊숙이 자리 잡고 있다.

그렇다면 집단지성이 높은 사회가 되기 위해서는 어떤 조건을 갖추어야 할까? 우선 다양성을 인정해야 한다. 남녀, 나이, 직업, 가치관 등에서 평등하면서도 독립적이어야 한다. 덴마크는 양성평등이 최고인 나라다. 직업이 무엇이든 똑같이 대접받고, 어린아이가 어른에게 당당하게 이야기하는 사회다. 더구나 누구든지 자기의 가치관을 지키기 위해 학교를 세울 수 있는 나라다. 국제 혁신교육 심포지움에서 덴마크의 피터 울흘름 교수는 "자신의 의견을 내세우는 데 두려워하지 않는 것이 덴마크 교육의 특징이며, 덴마크 사회는 상호 신뢰와 확신, 위험을 감수하는 시도를 기반으로 창의성과 다양성을 존중하는 교육으로써 형성된다"고 밝혔다.[9]

집단지성이 높은 사회가 되기 위해서는 개인이 독립성을 유지해야 한다. 타인의 의견에 휩쓸리지 않고 분위기에 좌우되지 않는, 자신의 분명한 생각을 가지고 있어야 한다. 그리고 사회는 그것을 가치 있는 것으로 인정하고 지켜 주어야 한다. 덴마크 사람들은 자신의 의견을 말하는 데 주저하지 않는다. 모든 사람이 당연히 그렇게 해야 하는 것이라 생각하고 자신도 그렇게 한다. 자기 생각을 존중받으면서 다른 사람의 생각도 존중한다. 학교에서 교사와 학생도 독립적이다. 교사는 최선을 다해 학생을 돕고 지도하지만 자신의 생각을 강요하지는 않는다. 학생들도 교사의 생각이 자신의 생각과 다르면 주저 없이 반론을 제기한다. 그렇게 함으로써 더 좋은 결과를 얻는다고 믿는다.

마지막으로, 통합이 필요하다. 분산된 지식이나 경험을 공유하고 통합할 수 있는 시스템이 있어야 한다. 정보를 취합하여 분석하고 체계화하는 시스템이 있어야 그 정보는 유효해진다. 집단지성이 믿는 것은, 유효한 정보는 한 방향을 가리킨다는 것이다. 그래서 몇몇의 오류 정보가 있더라도 유효 정보가 쌓이면 오류 정보는 상쇄되어 영향력을 잃게 된다는 것이다.

"우리는 나보다 똑똑하다." 미국 곤충학자인 윌리엄 모턴 휠러가, 개미가 집단으로 뭉칠 때 보여 준 놀라운 지적 능력을 통해 얻은 집단지성의 개념이다. 100여 년 전의 말이지만 현재 우리 사회와 교육에 더없이 큰 울림으로 다가온다.[10]

## 교육과 성공의 새로운 공식,
## 소통과 협력

사회의 기본적 단위는 '가족'이다. 가족은 부부를 중심으로 하여 자녀 등을 포함하는 공동체로, 결혼이나 혈연으로 맺어진다. 가족과 비슷한 말로 쓰이는 것이 '식구'다. 우리나라는 전통적으로 '가족'이란 말보다 '식구'란 말에 친근함을 느끼고 주로 사용하였다. 식구는 '한솥밥을 같이 먹는 사람'이란 의미로, 같이 생활하는 가족뿐만 아니라 넓게는 같은 일을 하는 직장 동료까지 포함한다. '식구'는 강한 연대 의식을 내포한 개념이다. '먹는다'는 것은 생사와 관계 있는 것이다. 그래서 공동체를 지향하던 우리나라는 예로부터 '식구'라는 말을 좋아했는지도 모른다.

요즘 갈수록 '혼밥'하는 사람이 늘고 있다. 1인 가구가 급속히 늘어나는 것이 가장 큰 원인이다. 직장인들 중에서도 혼자 밥을 먹는 사람들이 늘어나고 있다. 20대 젊은 직장인의 경우 주로 여유로운 식사를 즐기기 위해서 혼밥을 즐긴다지만, 30대와 40대는 같이 밥 먹을 사람을 찾지 못했거나 시간이 없어서 혼자 밥을 먹는다고 한다. 즉, 20대는 같이 먹을 마음이 없고, 30~40대는 같이 먹고 싶어도 같이 먹을 여유나 사람이 없다는 것이다. 우리 사회는 지금 '식구'라는 의미가 사라져 가며 개인 중심 사회를 향해 달려가고 있다.

"제품만 만들지 말고, 플랫폼을 만들어라."『명견만리 : 미래의 기회 편』에서는 실리콘밸리에서 통용되는 이 말을 우리 사회가 주목해야 할 화두로 던지고 있다.[11] '플랫폼'이란 본디 '기차역'을 뜻한다. 다양한 장소로 이동하기 위해 이곳에서 많은 사람들이 분주하게 모이고 흩어짐을 반복한다. 오늘의 플랫폼이란 개념은 기차역과 같은 단순히 사람들이 만나는 장소의 개념을 뛰어넘는다. 기술과 기술이 만나고 정보와 정보가 만나 새로운 가치를 창조해 나가는 것을 말한다.

현대의 플랫폼은 눈에 보이지 않는 공간에서 쉴 새 없이 역동적으로 일어나고 있는 소프트웨어적인 활동과 사고의 총체다. 지금은 혼자서 완벽한 제품을 만들어 성공하는 시대가 아니다. 플랫폼에 아이디어를 내놓으면 다른 사람이 그것에 또 다른 아이니어를 더함으로써 더 기발한 제품들이 지속하여 나오고, 많은 사람들이 함께하는 더 큰 시장을 만들어가는 시대다. 한번 만들어진 제품이 장기간 최고의 제품으로 자리 잡지 못한다. 누군가가 그것을 더 나은 제품으로 만들고, 뒤이어 또 누군가가 업그레이드된 상품을 출시한다. 그렇게 시장을 넓혀 가면서 모두가 '윈윈'하는 구조이다.

　이제 특별한 몇 명의 소수가 대다수의 사람들을 이끌어 가는 시대가 아니다. 자기 계발을 통하여 독불장군처럼 혼자 앞서 나갈 수 있는 사회도 아니다. 날실과 씨실이 서로 얽혀 베를 만들 듯 플랫폼에서 지식과 정보 그리고 사람이 만나 협업함으로써 우리 모두에게 필요한 새로운 무언가를 만들어 낼 수 있다.


　덴마크는 공동체 사회다. 바이킹 시대 때도 전사를 둔 가족이든 전사가 없는 가족이든 전쟁에서 얻은 전리품을 공평하게 나누었다. 개인이 어떤 능력이 있고 무엇을 했느냐보다 중요하게 생각한 것이, 공동체에서 함께 살아가기 위한 책임감과 연대감이었다. 지금도 덴마크에는 공동체 정신이 사회의식으로 뿌리 깊게 자리 잡고 있다. 그 대표적이 것이 '얀테의 법칙'이다. 우리 모두는 특별하지 않다. 그러니 잘난 체하지 말고 겸손하게 서로 협력하며 함께 살자는 의식이다. 뛰어난 한두 사람이 사회를 이끄는 것이 아니라 여럿이 모여 토론하고 협의하며 지혜를 모아 문제를 함께 해결한다. 덴마크 사람들은 협업하여 문제를 해결하는 데 익숙하다. 그래야 서로를 신뢰하고 의지할 수 있으며, 가장 지혜롭고 빠르게 문제를 해결할 수 있다고 믿는다.[12]

덴마크는 함께 살아가는 방법을 학교에서부터 배우고 익힌다. 학생들은 서로 경쟁하지 않는다. 경쟁할 필요가 없다. 친구를 동반자이며 협력자라 생각한다. 대부분의 수업이 PBL, 모둠 수업, 협력 수업으로 이루어져 있다. 혼자 잘한다고 해서 좋은 인상을 심거나 칭찬받지 않는다. 덴마크 학교의 수업 현장에 가면 가장 먼저 눈에 띄는 것이 학생들끼리 토론하고 협업하는 모습이다. 때로는 의견이 상충하여 대립할 때도 있다. 하지만 갈등을 불편해하거나 회피하지 않는다.

교사들도 이와 같다. 특히 PBL 수업은 관련 교과 선생님들의 협업 수업이다. 수업 시간에 교과 선생님뿐만 아니라 전문가도 초청받아 온다. 교사와 전문가, 그리고 학생들이 함께 문제를 풀기 위하여 협업한다. 때로는 이런 과정에서 교사와 교사 사이에 논쟁이 일기도 한다. 학생들은 그런 모습을 아주 자연스럽게 받아들인다. 그리고 자신들도 서로 다른 의견을 어떻게 조절하면 좋은지 배운다. 교실의 플랫폼에서 다양한 사람들이 각자의 생각을 올려놓고 더 좋은 방향을 찾아 문제를 해결하는 것에서 미래의 청사진을 본다.

우리나라 교실 수업에서도 조별 수업, 협력 수업은 오래전부터 실시되었다. 하지만 대부분의 조별 수업은 진정한 협업 수업이라고 하기엔 부족한 점이 많다. 일단 조에서 가장 리더십이 강한 학생이 팀장이 된다. 팀장은 조사하거나 준비해야 할 것을 팀원들에게 일방적으로 분담시키는 경우가 종종 있다. 이것에 대해 반론을 제기하면서 거부하는 팀원도 있지만 대다수는 맡은 일이 설령 부담스럽더라도 받아들이게 된다. 대학생의 팀별 활동에서는 각자 자기가 부각되는 방향으로 책임을 맡으려고 한다. 충분한 협의를 하고 서로 의견을 교환하여 새로운 것을 창출하기보다 기존의 것을 모으고 조합하는 수준이다. 협업이라 하기에는 많은 아쉬움이 남는다.

기업은 직원의 어떤 능력을 선호할까? 미국 내 225개 기업을 대상으로 조사한 바에 의하면 '소통 능력'과 '협업 능력'을 우선으로 꼽았다. 우리나라도 주요 기업이 선호하는 인재상의 1순위는 과거에는 도전 정신을 지닌 인재였지만, 근래에는 소통하고 협력하는 인재로 바뀌었다.[13] 소통은 협업을 위한 1차적 필수 조건이니, 곧 기업은 '협업을 잘하는 사람'을 좋은 인재상으로 보고 있다는 얘기다. 이것은 또한 우리 사회가 얼마나 갈등이 심한가를 반증하는 지표이다. 상사와 부하는 종종 서로를 '꼰대'와 '자기 것만 챙기는 사람'으로 여긴다. 이것을 해결하고 협력하기 위해서도 역시 소통이 필요하다.

우리나라 고유의 공동체 정신, 두레 정신은 케케묵은 과거의 정신이 아니라, 경쟁의 틈바구니에서 개인의 영달을 위해 달려가는 자녀들을 구하고 미래의 문을 열 고귀한 자원이다. 우리나라도 어느 나라 못지않게 공동체 의식이 강하여 함께하기를 잘하던 민족임을 기억하자.

## 조급함은 버리고 호기심은 키워라
### : 자기 주도성

갓 태어난 아이가 배가 고파 울음을 터뜨린다. 조금 자라더니만 엄마의 얼굴을 보고 웃는다. 기저귀가 젖었다고 또 울음을 터뜨린다. 5개월이 지나니 엎치기를 시도한다. 수많은 시도 끝에 엎치기에 성공하고는 코를 찧고 또다시 울음을 터뜨린다. 이마에 땀방울이 맺히고 몸살을 한다. 조금 더 지나니 무릎을 세우고 엎드리고 긴다. 냉장고를 잡고 일어서고 또다시 수천 번의 실패를 경험한 뒤 첫걸음을 뗀다. 억지로 가르쳐 주지 않았는데 '엄마'를 말하고 '아빠'를 말한다. 사람의 성장은 참 신비롭다.

송아지나 망아지는 태어난 후 몇 시간 지나지 않아 걷고 뛰는데 사람은 12개월이 지나야 겨우 몇 걸음을 뗄 수 있다. 하지만 아이는 한순간도 성장을 멈추지 않는다. 그리고 모든 과정을 자기 스스로 한다. 이처럼 사람은 선천적으로 자기 주도성을 가지고 태어난다. 이 자기 주도성 덕분에, 수많은 실패에도 불구하고 엎치고, 기고, 서고, 걷고, 뛰는 것을 스스로 배운다. 하루에 20번씩, 150일 동안 3000번 이상 실패하고 쓰러져야만 하는 고된 일. 어린아이가 그 일을 해낸다는 사실이 놀랍지 않은가? 이것이 자기 주도성의 힘이다.

만일 아이에게 이를 억지로 시킨다면 어떻게 될까? 아이의 뇌는 스트레스를 받아 적극적으로 움직이지 못하고 소극적, 수동적으로 움직일 것이다. 이런 과정이 반복될 경우 아이의 호기심과 자발성은 사라진다. 뇌과학자들은 우리 뇌는 누가 시킨 일을 하는 것보다 스스로 선택하여 자발적으로 하는 일을 훨씬 더 좋아한다고 말한다.


아인슈타인은 "나는 별다른 재능이 없고 호기심이 왕성할 따름이다"라고 말했다. 실제로 그는 자신의 왕성한 호기심을 따라 연구에 매진하여 현대 물리학의 혁명적 발전을 이끌었다. 에디슨도 대단한 호기심을 가진 사람이었다. 어린 시절 그가 달걀을 품고 부화되기를 기다렸다는 일화를 우리는 잘 알고 있다. 그의 호기심을 일반 학교에서는 감당할 수 없어서 그는 학교를 그만두어야 했다. 학교를 그만두었기에 스스로 호기심을 해결할 수밖에 없었다. 그 결과 에디슨은 1000건이 넘는 발명으로 인류에 새로운 삶을 선물하였다. 아인슈타인과 에디슨이 위대한 업적을 남길 수 있었던 데는 그들 자신의 특출한 능력도 작용했겠지만, 결정적인 요인은 따로 있다. 그들의 부모가 자기 자녀가 다른 아이들과 다르다는 사실을 인정하고 받아들여 그들을 믿어 주고 지지해 준 덕분이라고, 소아신경과 전문의 김영훈 박사는 『4~7세 두뇌 습관의 힘』에서 밝히고 있다.[14]

　　에디슨이 적절한 때에 학교를 잘 그만두었다고 하면 지나친 말일까? 자기 주도성은 대부분 6세 이전인 어린 나이에 형성되고 만 12세가 되면 정착된다고 본다. 그렇기 때문에 영유아기의 가정 분위기와 초등학교 때의 학습 분위기는 아이들 스스로 문제를 해결해 나가는 힘을 키우는 데 큰 영향을 준다. '학교가 창의력을 죽인다'라는 TED 강연으로 충격을 준 켄 로빈슨 교수는 『학교혁명』에서, 표준화된 교육이 학생들의 다양성을 무시하고 학력 저하를 가져온다고 주장한다.[15] 표준화된 학습과 평가는 학생들이 호기심을 가지고 자기 주도적인 학습을 하는 데 가장 큰 걸림돌이 된다는 말이다. 사람은 호기심을 가지고 자기 스스로 학습할 수 있는 존재이다. 자기 주도성을 가지고 학습할 때 가장 좋은 결과를 얻을 수 있다. 이런 호기심과 학습 욕구가 학교를 다니면 다닐수록 줄어들어 결국 수동적인 학생이 된다는 사실이 아이러니할 따름이다.

OECD뿐만 아니라 유네스코 역시 21세기의 중요한 자질은 유연성, 협업, 비판 정신, 창의성, 주도성이라고 말한다. 기업도 이와 다르지 않다. 스스로 문제를 발견하고 해결할 수 있는 자기 주도적 자질을 가진 사람을 애타게 기다린다. 최근 기업들은 고객의 요구에 신속하게 반응하고 해결하기 위해 현장 직원에게 업무의 권한을 위임하고 있다. 재량권을 쥔 직원은 의욕을 가지고 자주적, 주체적으로 해결하여 더 큰 성과를 낸다.

덴마크는 자기 주도성이 확실한 나라다. 교육체계 수립 초기부터 남달랐다. 덴마크 교육의 기초를 놓은 그룬트비는 교사가 가르치는 것을 학생에게 기록하게 하고 그것을 평가하는 방식을 추구하지 않았다. 좋은 교육이란 학생들 속에 있는 호기심을 깨우고 자극을 주어 학생 스스로 도전하게 만드는 것이라고 보았다. 학교에서 다 가르치는 것보다는, 학교를 나온 뒤에 배우고 싶은 마음이 생겨 학생 스스로 자기 주도적으로 배움의 길에 들어서게 만들어야 한다고 믿었다. 그 시대 평민대학은 농민들의 주도에 의해 자발적으로 운영되었으며, 그곳에서 배우고 익힌 것을 고향에 돌아가 실천하였다. 그룬트비의 교육은 한시적인 것이 아니라 지속적으로 배우고 자기 주도적으로 실천하는 것이었다. 그 결과 오늘날 덴마크 사회와 산업의 근간이 되는 협동조합이 탄생했다. 협동조합은 철저하게 조합원이 자기 주도적으로 운영하는 가장 이상적인 기업 형태라 할 수 있다.

모르텐 스트랑예는 『덴마크』에서, 덴마크 아이들은 알아서 해야 할 것이 많다고 소개한다. 아이들에게 자율권을 주어 스스로 할 수 있도록 놔두는 것은 외국인들에게는 문화 충격일 수 있다고 말한다. 대표적인 사례로, 아이들이 놀이터에서 놀고 있는데 그들을 지켜보는 어른이 한 명도 없다는 점을 든다. 아이들이 놀이터에서 놀면 어른들이 아이들을 보호하기 위해 지켜보는 것이 보통인데 덴마크에서는 보호자를 찾아보기 쉽지 않다. 아이들끼리 어울려 놀고 부모들은 집에서 음식을 만들고 청소하고 마당과 정원을 정리하는 등 자기 일을 한다는 것이다.[16]

덴마크 아이들은 이런 상황에 이미 익숙하다. 아주 어릴 때부터 혼자 침대에서 자야 한다. 운다고 해서 모든 것이 해결되지 않는다는 것을 일찌감치 체득한다. 어릴 때부터 많은 문제를 스스로 해결하는 데 익숙해져야 한다. 유치원 때부터 스스로 옷을 입고 벗어야 한다. 갖고 싶은 물건이 있으면 집에서 일을 돕든지 하여 용돈을 모아야 한다. 앞서 보았듯 덴마크 청소년 중 다수는 아르바이트를 한다. 아이들은 부모의 경제 사정이 어려워서 아르바이트를 하는 것이 아니다. 자기가 필요한 것을 구할 때 부모의 도움을 받지 않기 위해 스스로 아르바이트를 한다. 이런 마음은 학생들에게만 있는 것이 아니라 덴마크 사회에 깊숙이 자리 잡은 정신이라고, 말레네 뤼달은 『덴마크 사람들처럼』에서 말한다.

우리나라 교육도 근래 자기 주도성을 강조하고 있다. 하지만 부모들은 일단 발등에 떨어진 불을 끄는 데 급급하다. 자녀를 신뢰하지만 기다려 줄 시간이 없다. 부모의 인내심은 조급함과 불안감을 이기지 못한다. EBS 다큐멘터리 〈왜 우리는 대학에 가는가〉는, 우리 교육이 자기 주도성을 기를 수 있도록 교육하기보다, 학교나 학원에서 이끄는 대로 따라가면 좋은 성적을 거두고 좋은 대학에 들어갈 수 있다고 가르친다고 지적한다. 아이들에게 필요한 자질을 키우는 것보다 더 중요한 것은 좋은 대학에 들어가는 것이고, 좋은 대학에 들어가면 이런 자질은 차츰 갖출 수 있다고 믿는다는 것이다.[17]

좋은 대학에 들어가면 사회와 부모의 바람대로 자기 주도성을 발휘할까? 그렇지 않다. 자기 주도성이 낮은 학생은 부모의 노력으로 서울대 입학에는 성공할 수 있을지 모르지만, 자기가 무엇을 해야 할지 찾지 못하고 불안해하기 십상이다. 자기 자신을 들여다본 시간이 없으니 자신의 미래도 불투명하게 보인다. 스스로 앞날을 내다보고 무엇을 해야 할지를 찾는 자기 주도성은 자신감과 목표 의식, 그리고 자기 통제를 동반한다. 그런데 서울대라는 유일한 목표를 달성했기 때문에 이제 무엇을 해야 하는지 스스로 목표를 잡지 못하고 방황하게 되는 것이다.[18]

엄격한 훈육과 통제를 하는 '타이거 맘'과 자녀 주위를 맴돌며 모든 일을 간섭하고 도와주는 '헬리콥터 맘'은 단기간의 목표는 달성하는 데 도움이 될지 모르지만 자녀의 장래를 위해서는 결코 도움이 안 된다. 자녀는 부모의 복사본이 아니라 자기 모습 그대로의 원본으로 살아가야 한다. 그러기 위해서는 어린아이가 스스로 걷기를 터득하는 것처럼, 수없이 많은 도전과 실패를 거쳐 앞날을 스스로 개척해 나가는 자기 주도성이 중요하다. 이것이 자녀를, 그리고 우리 사회를 미래로 이끄는 지적 동력이다.

## 꿈이 없는 세대를 꿈꾸게 하는 힘,
## 사회 안전망

"난 풀만 먹고 살 거예요."

'초식남'은 일본의 칼럼니스트 후카사와 마키가 2006년에 처음 사용하여 삽시간에 널리 퍼지더니 우리나라에도 상륙한 신조어다. '초식남'이란 결혼이나 연애보다 취미 활동에 관심을 쏟는 남자를 말한다. 이들은 세속적 성공에 도전하기보다 자기가 좋아하는 일을 즐기며 살아간다. 불안정한 사회에서 도전하면 실패할 확률이 높고 잃을 것이 많다고 생각하며 안정을 최우선으로 생각하는 사회의식을 대변한다.

2017년 5월에 발표한 '경제활동인구조사 청년층 부가조사 결과'를 보면, 청년층 취업 준비자 65만 2000명 가운데 일반직 공무원시험 준비자는 25만 7000여 명으로, 전체의 약 40퍼센트에 달했다. 2008년 국가직 9급 공무원 채용시험 최종 합격률은 2퍼센트 정도였다. 우리나라 청년 취업 준비자 10명 중 4명이 공무원 시험을 2~3년간 준비하고 있지만 그중 극소수만이 사회에 진출한다는 뜻이다. 현대경제연구원 보고서에 따르면, 공무원시험 준비생이 경제활동에 참여하지 않아 생기는 경제적 손실은 매년 17조 1429억 원에 달한다.[19]

공무원은 1990년대 초까지는 지금처럼 인기 있는 직업이 아니었다. 하지만 1997년 IMF 사태 이후, 높은 월급을 받을 수 있는 대기업을 지망하던 사람들이 안정적인 직업 쪽으로 진로 선택을 선회하면서 공무원 바람이 불기 시작했다. 그 이후 공무원 시험 경쟁률은 꾸준히 증가하여, 수험생들의 희망 대학도 공무원 합격자 수에 영향을 받고 있는 실정이다. 청년들이 공무원이 되고 싶어 하는 이유는 중소기업에 비해 적지 않은 봉급, 공무원에게 주어지는 복지 혜택 등 여러 가지가 있겠지만, 정년까지 보장되는 안정성이 가장 큰 이유라 할 수 있다. '안정된 직장'은 불안한 시대를 걷고 있는 청년들의 마음과 꿈을 빨아들이는 블랙홀과 같다.

우리나라는 청년뿐만 아니라 모든 사람들이 새로운 일에 도전하기가 쉽지 않은 나라다. 많은 이가 어렵사리 마련한 자금으로 가게를 열지만 점포 5개 중 1개 정도만 살아남으며, 상당수는 창업한 후 2년 6개월 정도가 되면 폐업을 한다. 이런 환경에서 새로운 일에 도전하는 것은 무모한 짓으로 보일 수 있다. 『명견만리 : 미래의 기회 편』에서 중소기업청 통계를 인용한 나라별 창업 실패 횟수를 보면 미국 2.8, 중국 2.8, 한국 1.3이다. 미국과 중국은 두 번 정도 실패해도 재기가 가능하지만 한국은 한 번 실패하면 일어설 수 없다는 의미다.[20] 이런 상황에서 청년들에게 창업을 이야기하고 도전을 이야기하는 것은 현실을 고려하지 않은 무책임한 채찍질이라 할 수 있다.

우리나라 학생들은 착하다. 게다가 똑똑하다. 하지만 도전적인 질문은 없다. 높은 학점을 따는 기계 같다. 예일대 교수였던 윌리엄 데레저위츠는 『공부의 배신』에서 이 문제의 원인을 교육 시스템에서 찾고 있다. 어릴 때부터 좋은 학교, 좋은 대학, 좋은 직장에 들어가기를 바라는 부모의 의지에 따라 자녀들은 길들여진다. 그래서 자녀들은 똑똑함에도 불구하고 자신이 왜 공부를 하는지도 모르고 다른 사람들이 선망하는 바를 자기의 목표로 삼아 따라간다는 것이다. 저자는 이들을 도전의식 없는 '똑똑한 양'에 불과하다고 말한다. 공부는 잘하지만 목표도 없고 방향도 없이, 다른 사람들이 말하는 성공의 푯대를 향하여 순응하며 따라가는 양.[21]

역사학자 아놀드 토인비는, 문명은 끝없이 도전해 오는 어려움을 극복함으로써 발전해 왔다고 보았다. 인류 역사 발전의 원동력을 '도전에 맞선 응전'이라고 본 것이다. 스펙과 알바, 그리고 학점에 시달리는 우리 학생들에게 "꿈이 무엇이냐?"고 물으면 "꿈꿀 시간이 없어요"라는 답이 돌아온다. 이들에게 도전을 이야기하고 꿈을 이야기하는 것은 이들의 내면을 들여다보지 못한 채 별나라 이야기를 들려주는 것이나 다름없다. 도전이 없으면 순응만 있을 뿐이고 순응만 있는 곳에는 진정한 발전이 없다.

도전이 쉽지 않다는 것은 누구나 알고 있다. 특히 지금은 도전의식을 고취하고 열정을 불태우라며 뜨거운 불 옆으로 떠민다고 해서 해결될 시대가 아니다. 청년이 도전할 수 있는 토대를 만들어 주는 것이 중요하다. 꿈을 꿀 수 없는 청년들이 다시금 꿈꿀 수 있는 여유를 가지게 해야 한다. 꿈꾸지 못하고 도전하지 못하는 것은 지금의 청년들이 나약하거나 능력이 부족해서가 결코 아니다. 현재는 웬만한 고통을 견딜 수 있는 인내력을 가진 청년들이 이전 시대보다 훨씬 더 많은 것이 사실이다. 그리고 청년들이 이만큼 탁월한 능력을 가진 시대 또한 없었다.

하지만 지금 이들에겐 도전이 실패로 이어지면 바로 나락으로 떨어지고 만다는 공포가 있다. 누가 그 위험을 무릅쓰고 도전하겠는가? 세상에 갓 발을 디딘 청년들에게 더 큰 열정을 요구하며 도전의 불구덩이로 밀어 넣기 전에, 기성세대가 더 튼튼하고 안전한 그물망을 그들 아래에 깔아 줘야 하지 않겠는가? 실패해도 완전히 짓밟히지 않고 다시 일어설 여유가 있는 사회를 어른들이 만들어 놓아야 청년들은 도전을 계속할 수 있다.

# 평생학습이
# 개인과 국가의 자산이다

"미국 전역에서 더 많은 과학자들과 교육자들이 켄트 담배를 피웁니다."

건강을 위하여 담배를 피우라고 의사가 권한다면? 지금은 상상할 수도 없지만 1950년대 미국에서는 의사가 담배 광고에 출연하여, 건강에 도움이 된다며 흡연을 권했다. 이처럼 우리가 알고 있는 지식은 변한다.

명왕성은 1930년 미국의 클라이드 톰보가 발견한 후 2006년 8월 24일까지 70여 년간 태양계의 아홉 번째 행성이었다. 우리는 어린 시절부터 '수금지화목토천해명'을 노래 가사처럼 외우며 태양계의 행성은 9개라고 굳건히 믿었다. 하지만 명왕성은 국제천문연맹이 태양계 외곽의 얼음 천체들 중 하나로 재분류하면서 행성에서 제외되어 '왜소 행성 134340'으로 격하되었다. 이제 태양의 주변을 도는 '행성'은 8개다.

교과서에서 배운 내용일지라도 변하지 않는 것이 아니다. 지식에도 유통기한이 있어, 시간이 지나 오류로 밝혀져 폐기되는 지식의 양은 엄청나다. 하버드 대학의 새뮤얼 아브스만 교수는 그의 저서 『지식의 반감기』에서, 지금 우리가 알고 있는 지식의 절반이 틀린 것으로 밝혀지는 '지식의 반감기'를 소개한다. 놀랍게도 현재 지식의 반감기, 즉 우리가 알고 있는 각종 지식의 절반이 참이 아닌 것으로 드러나는 데 걸리는 시간은 평균 10년이 되지 않는다.[22] 시대가 급변하면서 우리의 지식이 가치 없는 정보로 바뀌는 속도는 갈수록 빨라지고 있다. 한 번 배운 지식으로 평생을 우려먹겠다는 생각은 서둘러 접는 게 좋다.

미래학자 벅민스터 풀러는 '지식 2배 증가 곡선(Knowledge Doubling Curve)'을 소개한 바 있다. 지식 2배 증가 곡선은 인간의 지식이 얼마나 빠르게 증가하는가를 나타낸 것이다. 그의 말에 의하면, 인류 역사에서 인간 지식의 총량은 100년마다 2배씩 증가하였다. 제2차 세계대전 이후로는 지식이 25년마다 2배로 증가하며 그 기간이 점점 짧아지는 현상을 보였다. 현재는 그 주기가 12~18개월로 파악되는데, 2030년이 되면 지식의 총량은 3일마다

2배씩 늘어나고 그 후에는 주기가 12시간으로 단축될 것으로 전문가들은 예측하고 있다.[23]

오늘 하루 동안에 그동안 인류에게 쌓여 있던 지식의 2배가 새롭게 생성되는 세상이라니, 상상이나 되는가? 이제는 지식의 양보다 그것의 최신 여부가 중요한 세상이다. 앨빈 토플러는 "21세기의 문맹은 글을 읽고 쓰지 못하는 사람이 아니라 배우지 못하고, 배운 것을 잊지 못하고, 다시 배우지 못하는 사람이다"라고 말했다. 계속하여 자신이 가지고 있는 지식을 업데이트해야만 미래 사회에 발맞춰 살아갈 수 있다는 것이다.

전 고려대 총장 염재호 교수는 미래 교육의 핵심이 '생각의 힘'을 키우는 것이라고 강조한다.[24] 실제 교육 선진국들은 단순히 암기하는 교육에서 탈피하여 생각하는 힘을 키우는 교육으로 전환한 지 오래다. 그곳 교사들은 자신이 가지고 있는 기존 사회의 지식을 학생들에게 전달하는 것이 아니라, 학생 스스로 새로운 지식을 얻고 활용하여 자신의 삶을 스스로 가꾸어 갈 수 있는 능력을 키우도록 돕고 있다. 생텍쥐페리는 『어린 왕자』에서 "큰 배를 만들게 하고 싶다면, 나무와 연장을 주고 배 만드는 법을 가르치기 전에 먼저 바다에 대한 동경을 심어 줘라. 그러면 스스로 배 만드는 법을 찾아낼 것이다"라고 말했다. 교사는 학생들에게 미래 사회의 그림을 보여 주고 충분한 동기부여를 해 줌으로써, 학생 스스로 미래의 바다를 항해하기 위한 준비를 할 수 있게 해야 한다.

학교는 더 이상 교육의 시작점도 종착점도 아니다. 학교에서 배운 지식으로는 평생을 살아갈 수 없다. 학교에서 배운 지식으로 세상을 살아가려고 한다면 세상에 뒤져도 한참 뒤진 삶을 살아갈 수밖에 없다. 인공지능이 강한 이유는 스스로 쉼 없이 배움을 계속하기 때문이다. 사람이 배우기를 포기하면 인류의 미래는 말하지 않아도 그 결과가 뻔하다.


덴마크 사회는 평생 배움의 기회를 제공하고 독려한다. 어린아이들을 위한 시설 좋은 유아원이 있으며, 아이들이 부모가 퇴근할 때까지 머물 수 있는 아동센터가 곳곳에 있다. 대학교 때까지 무상교육을 실시할 뿐만 아니라 아동수당과 대학생 생활 보조금을 주면서 부모의 재정적 능력과 무관하게 학생들이 교육에 매진할 수 있도록 돕고 있다.[25]

덴마크의 교육은 학교 교육으로 그치지 않는다. 덴마크 평생교육의 꽃은 폴케호이스콜레 즉, 평민대학이라 할 수 있다. 앞서 살펴본 대로, 평민대학은 졸업장은 주지 않지만 생각을 깨우고 삶을 깨워 주는 학교다. 각종 사회 이슈에 대해 토론하면서 생각의 힘을 기르고, 함께 생활하면서 공동체 의식을 쌓고, 원하는 교육을 선택하여 미래에 필요한 기술을 익힌다. 덴마크 성인이면 누구나 입학하여 필요한 시간만큼 배우면서 재충전할 수 있다.

덴마크 회사들도 직장인들의 재교육에 적극적이다. 우리나라 기업들은 주로 사내 연수를 실시하지만, 덴마크 기업들은 직원이 회사에 다니는 동안 1년에 10주씩 직업학교에 다닐 수 있도록 보장하고 있다. 수업료는 정부와 회사가 분담한다. 직장을 다니다 실직한 사람은 다른 직장을 찾기 위해 서두를 필요가 없다. 정부는 실직자에게 2년간 이전 급여의 70퍼센트를 실업급여로 지급한다. 이전 직장의 급여가 적을 경우는 최대 90퍼센트까지 지급한다. 참고로, 우리나라 실업급여의 지급액 수준과 지급 기간은 OECD 평균에 한참 미치지 못한다.

덴마크 정부가 직장을 그만둔 실직자들에게 높은 실업급여를 보장해 주는 것보다 더 심혈을 기울이는 것이 있다. 실직자의 재교육과 재취업이다. 적극적으로 직업센터에 등록을 유도하고 직업학교에 들어가 새로운 기술을 익혀 재취업할 수 있도록 돕는다. 수업료는 국가가 책임지며, 취업도 적극적으로 돕는다. 그래서 덴마크는 실직을 실직이라 부르지 않고 이직이라 부르며 새로운 교육의 기회로 삼는다. 노인들도 배움에 열심이다. 대학의 강의를 듣는가 하면, 노인 공동체를 만들어 배우고 싶은 것을 정하여 함께 배우고 나눈다. 젊은이들과의 대화에서도 결코 뒤지지

않는 식견을 가지려고 새로운 지식을 계속 접하며, 정부는 이를 지원한다.[26]

　지금은 평생 배워야 하는 시대다. 배움이 학교 담장을 넘은 지 오래되었다. 사회 곳곳에서 새로운 지식이 넘쳐 나고 밀물처럼 순식간에 우리 주변에 다다른다. 정부는 남녀노소 누구나 미래를 준비할 수 있도록 쉽게 평생교육을 접할 수 있는 여건을 만들어야 한다. 지식의 반감기가 급격히 짧아지는 이 시대에 철 지난 지식으로 오늘을 판단하고 고집부리는 어리석은 짓을 하지 않도록 교육의 장을 넓혀 주어야 한다. 평생교육이 개인과 국가의 자산이다.

## 진짜 하고 싶은 것을,
## 충분히 찾게 하라

초등학교 때부터 고등학교 과정을 미리 공부하는 학생이 적지 않다. 어떤 중학생은 자율형 사립고에 가기 위해 교과서를 한 자도 빠뜨리지 않고 달달 외우고, 볼펜이 닿는 손가락이 짓물러 더 이상 글을 쓸 수 없게 되자 아예 볼펜을 손가락에 묶어 손목의 힘으로 글을 쓴다. 매주 탈진이 되어 링거를 맞고, 자기를 학대하고, 부모의 모든 능력을 동원하는 고등학생들이 적지 않다. 우리 학생들이 이런 혹독한 시간을 견디는 이유는 좋은 대학에 들어가면 부모의 기대에 보답할 수 있고, 다른 사람이 부러워하는 직업을 가질 수 있다는 바람 때문이다.

하지만 현실은 그렇게 녹록하지 않다. 치열한 경쟁을 뚫고 명문대학에 들어갔다고 해서 꿈꾸던 것을 얻을 수 있는 시대가 아니다. 우리나라 최고의 명문대학이라는 서울대도 실제 취업률은 50퍼센트를 넘기지 못하고 있다.[27] 모든 사람의 부러움을 한 몸에 받으며 서울대에 들어간 학생들 두 명 중 한 명은 졸업할 때 직장을 구하지 못하는 것이 현실이다. 이제 명문대를 나오면 좋은 직장을 구하고 성공을 보장받는다는 단순한 공식이 통하지 않는다. 그럼에도 불구하고 우리나라 교육 현장과 학부모들은 바늘구멍과 같은 명문대에 학생을 진학시키기 위해 갈수록 치열한 경쟁 속으로 불나방처럼 뛰어들고 있다.

EBS 〈다큐프라임〉 '공부의 배신' 편에서는 서울의 명문대학을 다니는 한 학생에게 앵글을 맞추었다. 그는 학비를 벌기 위해 몇 개의 아르바이트를 뛰고 있었다. 정작 공부는 뒷전으로 밀리는, 본말이 전도된 모습이었다. 문제는, 많은 고생 끝에 대학을 졸업하더라도 취직이 쉽지 않다는 것이다. 기약 없는 취준생 시절을 맞이하면 수입이 없으니 끼니도 제대로 해결하지 못한다. 가난의 틀은 자꾸만 조여 온다. 입사 불합격 통보를 받은 학생은 이렇게 말한다. "부모님께 죄송해요. 좋은 소식 전해 드리고 싶었는데……."[28] 자기 자신보다 부모의 마음을 먼저 걱정하는 자식. 우리 시대 학생들의 자화상이다.

우리나라 학부모가 가장 기뻐하는 날은 언제일까? 자녀

가 대학에 합격하는 날이다. 명문대학이라면 그 기쁨은 더할 나위 없을 것이다. 덴마크 부모들도 이처럼 기뻐하는 날이 있다. 대학 입학 통지서를 받은 날이 아니다. 주지하다시피, 자녀가 자기의 길을 찾았을 때다. 그 길은 남들과 같을 필요가 없다. 덴마크 부모는 자녀들이 스스로 좋아하는 분야를 발견하고 그 길을 향해 나아갈 때 가장 대견해하고 기뻐한다.

우리나라 사람들도 진로를 고민할 때 자기의 적성과 흥미에 주목해야 한다고 말한다. 하지만 실제로 직업을 선택할 때는 그 기준이 바뀐다. 대부분 좋은 '수입'이 선택의 기준이 된다. 서울시가 15세 이상 서울 시민을 대상으로 조사하여 발표한 '2009 서울시민의 취업현황 및 직업관'을 보면, 직업을 선택할 때 수입을 중요하게 생각한다는 의견이 33.2퍼센트로 가장 높게 나왔다. 그 뒤를 이어 30퍼센트는 안정성을 택했다. 적성이나 흥미를 택한 시민은 10퍼센트를 겨우 넘었다.[29]

덴마크 부모들은 자녀가 직장을 선택하는 기준이 돈이기를 바라지 않는다. 자기의 관심과 재능이 조화를 이루는 의미 있는 직업을 가지기를 원한다. 돈을 좇아 가면 결코 의미 있는 일을 선택하지 못한다고 생각한다. 물질적인 성공을 추구하다 보면 결국 인생의 의미를 잃고 행복마저 잃게 마련이다. 19세기 덴마크의 실존주의 철학자 키르케고르는 "개인의 의무는 자신의 소명을 찾아내는 것이다"라며 "내 운명을 이해하고 나 자신에게 진실하고 나의 삶과 죽음을 걸 수 있는 소신을 찾아내야 한다"고 말했다.

덴마크의 진로 교육은 개별 학생에게 맞춰져 있다. 학생은 어릴 때부터 자기가 좋아하는 것을 중심으로 다양한 체험을 한다. 그래서 자기가 정말 하고 싶은 것, 자기의 삶에 의미 있는 것을 찾는다. 교사는 오랫동안 관찰하면서 학생의 적성에 가장 알맞은 것이 무엇인지를 찾아본다. 그리고 부모와 상담하면서 아이에게 최적화된 진로를 함께 탐색한다. 서두를 필요도 없다. 9년의 의무교육 기간 동안 결정하지 못해도 에프터스콜레에서 1년 동안 자신의 길을 집중적으로 탐색할 수 있다. 하고 싶은 것을 미리 실험해 보면서 그것이 정말 자기에게 적합한지 확인할 수 있다. 기회는 거기서 끝나지 않는다. 우리나라 고등학교에 해당하는 김나지움을 마치면 평민대학에서 자신의 미래를 탐색할 수 있다. 이렇게 덴마크 학생은 자신의 진로를 찾을 때 시간에 쫓기지 않으며, 다른 사람의 반응에 흔들릴 필요도 없다.

우리나라 청년들은 자신이 원하는 삶을 살 수 있을까? 대다수는 자신이 원하던 게 무엇이었는지도 잊은 채 회사를 위해, 가족을 위해 희생하며 살아간다. 반면 덴마크 청년 중 60퍼센트는 자신이 원하는 대로 살아갈 수 있다고 믿는다.[30] 자신의 미래를 스스로 선택하고 통제하며 살아갈 수 있다고 생각한다. 이들이 자신의 삶을 스스로 결정할 수 있는 것은 교육과 사회, 정치의 영향이다. 이들의 기본적인 삶을 보장해 주는 사회가 청년들로 하여금 남이 가 보지 않은 길에 도전하게 하고 실패하더라도 다시 일어서게 한다. 남과 비교하지 않는 사회 정서는 청년 자신이 좋아하는 길을 자랑스럽게 갈 수 있도록 격려한다.

미래학자들은 하나의 직업으로 평생을 사는 시대는 지났다고 말한다. 지금의 초등학생들이 대학을 졸업하고 사회에 진출하면 여섯 번 직업을 바꾸며 사는 시대에 살게 된다. 다양한 직업을 선택해야 하는 시대에는 명문대학을 나왔다는 사실만으로 좋은 직업을 얻고 행복을 가질 수 없다. 직업을 선택하는 기준은 외부에 있는 것이 아니라 자기 안에 있다. 자신이 좋아하는 것, 자신이 재미를 느끼는 것, 그래서 열정을 쏟으면 쏟을수록 더 큰 기쁨을 느낄 수 있는 것을 찾아야 한다. 정부와 사회는 그렇게 살아가려는 사람들을 격려하고 지원해야 한다. 함께 살아가는 행복한 사회를 위해서.

## 아이들에게 최고의 배움,
## 놀이를 돌려주라!

티볼리 놀이공원은 덴마크 사람들이 추천하는 최고의 관광지다. 아름다운 항구 위하운, 덴마크 왕실의 관저로 사용되었던 로젠보르크 성, 왕실 궁전인 크리스티안보르 궁전, 아름다운 건축물인 오페라 하우스, 매년 100만 명이 예약하는 세계 최고의 레스토랑 노마를 제치고, 왜 티볼리 공원일까?

티볼리 놀이공원은 1843년, 유럽의 여러 나라를 여행하고 돌아온 덴마크 건축가 게오르그 카르스텐센이 만든 오래된 도시형 공원이다. 미국 디즈니랜드의 모델이 되었고, 동화작가 안데르센도 이곳에서 산책을 즐겼다. 우리나라에서 놀이공원이라 하면 아이들이나 연인들이 가는 곳으로 여겨지지만, 티볼리 공원은 세대 구분 없이 누구든지 편안하고 재미있게 즐길 수 있는 곳으로 인기가 높다. 이것이 바로 티볼리 공원의 가장 큰 매력이다. 어떤 가족 구성원이든 편안하고 즐겁게 보낼 수 있는 곳.

덴마크에서 놀이는 삶의 중심을 차지한다. 가정에서 부모가 자녀와 잘 놀아 주는 것은 특별한 일이 아니라 일상이다. 학교는 놀이와 공부의 경계선을 분명히 긋지 않는다. 놀이가 공부이고, 공부를 놀이같이 한다. 학생들이 최대한 자율적인 분위기에서 스스로 알아 가는 것이 가장 중요하다고 생각하기 때문에, 교사들은 학생들의 행동을 통제하기보다 활동적으로 움직일 수 있는 여건을 마련해 주려고 애쓴다.

네덜란드 역사학자 요한 하위징아는 인간을 '호모 루덴스', 즉 '놀이하는 인간'으로 정의하였다. 사실 놀이는 사람들만 할 수 있는 행위가 아니다. 동물도 놀이를 한다. 사자 새끼들은 자기들끼리 누르기도 하고 물기도 하면서 논다. 이런 행동을 통해 사냥하기 위한 근육과 능력을 키워 간다.

하지만 사람의 놀이와 동물의 놀이는 차이가 있다. 사람이 하는 놀이는 일상에서 벗어나 자발적이면서도 규칙성을 띤다. 그래서 누군가 규칙을 어기면 놀이는 멈춘다. 또한 사람은 어른이 되어서도 놀이를 즐긴다. 놀이에는 사람들이 추구하는 관계와 재미라는 행복의 중요한 요소가 담겨 있다. 그래서 아동문학가이자

놀이 운동가인 편해문 작가는 "아이들은 놀이를 통해 행복의 냄새와 느낌을 안다"고 말한다.[31]

놀이는 그 자체가 즐겁고 행복한 것이다. 자발적으로 참여하기 때문이다. 강제로 하는 것은 놀이가 아니다. 무언가에 자발적으로 참여하면 활동은 능동성을 띤다. 능동적일 때 뇌를 포함한 신체는 더 활발하게 움직인다. 그에 따라 기대감과 만족감이 상승한다. 놀이는 결과보다 행동 자체가 목적인 활동이기 때문에 즐겁고 행복하다. 결과에 연연해 심적 부담을 가질 필요가 없다. 놀이를 하는 동안 부담 없는 긴장감을 느끼면서 흥분과 재미를 맛볼 수 있다. 토요일 아침마다 학교 운동장에 달려가 하는 축구는 놀이다. 하지만 축구를 직업으로 삼은 선수에게 그것은 놀이가 아니라 일이다. 축구 선수에게는 과정보다 결과가 중요하기 때문이다.

놀이가 행복한 이유는 그것을 통해 관계 중심의 공동체를 이루게 되기 때문이다. 혼자 하는 것은 진정한 진정한 놀이라고 할 수 없다. 특히 스마트폰이나 컴퓨터를 통해 혼자 즐기는 게임을 진정한 놀이라고 하기는 힘들다. 설령 온라인상에서 '함께' 즐기더라도 실제로는 '따로' 떨어져 즐기는 것이므로 진정한 의미에서 놀이라고 말하기 힘들다. 놀이는 함께 감정을 나누며 즐기는 것이다. 오랫동안 이어져 온 전통놀이들은 혼자 하는 것이 아니라 함께하며, 관계를 만들고 발전시켜 가는 것이었다.

우리 민족은 본디 노래와 춤을 좋아하는 사람들이다. 곧 놀이를 좋아한다는 말이다. 상고시대부터 백성들이 함께 즐기는 커다란 축제가 있었다. 백성들의 시름과 아픔을 위로하고 미래의 소망을 바라보게 하는 시간이었다. 축제 기간에 놀이를 통하여 공동체의 정체성과 연대감을 강화했다. 놀이는 평범한 일상에서도 중요한 자리를 차지하였다. 아이들은 틈나는 대로 동네 친구들과 다양한 놀이를 하며 '골목 문화'를 만들었고, 어른들도 마을 사람들과 어울리면서 '마실 문화'를 만들었다. 우리 민족은 삶 자체가 놀이였고, 놀이가 삶의 중요한 부분이었다고 민속놀이 연구자들은 말한다. 엄혹했던 일제강점기에도 우리 민족은 고유한 놀이를 마을마다 이어 갔다. 농경사회에서 놀이는 공동체를 묶어 주는 동아줄이었다.

그러나 행복의 향긋한 냄새를 느끼게 하던 놀이에 대한 우리의 감정은 오늘날 사뭇 달라졌다. 놀이는 여전히 문화의 가장 중심에 자리 잡고 있지만, 놀이를 바라보는 시선은 양극화되어 있다. 특히 바쁘게 살아온 기성세대는 '놀이'라고 하면 전혀 이득이 없는 시간 낭비, 에너지 낭비쯤으로 여긴다. '놀이'를 부정적으로 생각하게 된 것은 1970년대 이후 우리 사회가 급속하게 산업화하면서부터 벌어진 일이다. 그때 '놀이'라는 것은 '성실' '근면'을 저해하는 요소로 간주되었다. '잘살기' 위해서는 놀이를 멀리하고 장시간 노동을 해야 한다고 생각했다. 사람들은 '놀 시간' 없이 뛰어다니며 자신이 얼마나 '바쁜지' 증명해 보이려 했다. "요즘 바쁘시죠?"라는 말은 그 사람의 가치를 인정해 주는 인사말이다. 이처럼 우리 사회는 '놀이'에 대한 막연한 죄의식에 여전히 사로잡혀 있다.

그렇다면 우리 아이들이 본격적으로 놀이를 빼앗긴 것은 언제부터일까? 마을배움길연구소 문재현 소장은 1990년대 초반부터라고 말한다.[32] 당시 대학을 나온 부모들이 자녀들을 특목고나 좋은 대학에 진학시키기 위해 사교육 열풍으로 몰아넣은 것이 원인이라는 것이다. 더구나 그 시대 컴퓨터 게임의 활성화와 아이돌 문화의 등장 및 확산은 아이들과 어른들 사이의 문화를 단절시켰다. 그로 인해 옛날부터 자연스럽게 이어져 오던 세대 간 '놀이 전달'도 더 이상 이루어지지 않게 되었다.

『누가 창의력을 죽이는가』의 저자 켄 로빈슨은, 학생들은 놀이를 통해 스스로 배울 수 있다고 말한다. 갓난아기들조차 학습 욕구가 왕성하다고 한다. 대다수의 아기들은 말하는 법을 가르쳐 주지 않았는데도 2~3세가 되면 유창하게 말할 수 있다. 언어에 노출되기만 하면 그것을 흡수하여 충분히 말할 수 있게 된다는 것이다.[33] 그런데 지금 우리 학교는 놀이의 맛을 빼 버린 학습법으로 아이들을 가르치려 한다. 아이들이 배움을 자연스럽게 받아들이지 못하고 힘들어할 수밖에 없다. 배움이 놀이로 다가올 때에 가장 잘 배울 수 있다.

우리나라 아이들은 학교에서만 놀이를 빼앗긴 것이 아니다. 학교를 마치고 놀이터에 가도 같이 놀아 줄 친구가 없다. 친구를 찾아서 학원에 가면 또다시 놀이의 단맛이 빠진 학습이 기다리고 있다. 가정에서도 놀이를 찾아보기 쉽지 않다. 아버지는 아버지대로 어머니는 어머니대로 해야 할 일들이 너무 많다. 아이들을 기다리는 것은 학교와 학원의 숙제뿐이다.

삶은 놀이처럼 즐겁고 행복해야 한다. 놀이가 삶의 일부분이기 때문에, 놀이를 빼앗겨 난 구멍은 다른 것으로 채울 수 없다. 놀이가 채워 주지 못해 생긴 공허함을 다른 것으로 채우려 하면 더 큰 부작용만 낳을 뿐이다. 학교는 아이들이 좀 더 자유롭게 놀 수 있는 시간과 공간을 제공해 주어야 한다. 사회는 부모와 자녀가 가정 안에서 함께 놀이를 즐길 수 있는 여건을 제공해 주어야 한다.

필자는 대안학교 교장으로 재직하던 시절, 가정의 놀이 문화를 강조했다. 방학 과제 중의 하나는 온 가족이 함께할 수 있는 보드게임 만들기였다. 학생들은 기발한 아이디어로 재미있고 참신한 보드게임을 만들어 왔다. 게임을 만드는 것, 게임을 같이 즐기는 것 모두가 놀이였다. 부모들은 이런 놀이를 통해 자녀와의 유대감을 강화하고 행복한 시간을 가졌다며 기뻐했다.

## 놀아야
## 건강하게 성장한다

"번번이 유리창을 깨는 아이였어요. 사고뭉치였죠."

2018년 월드컵 우승컵은 프랑스가 차지했다. 하지만 더 큰 주목을 받은 나라는 인구 400만이 조금 넘는 준우승 국가 크로아티아였다. 크로아티아 대표팀을 결승까지 이끈 사람은 캡틴인 모드리치다. 월드컵 최우수 선수에게 주는 골든볼이 그에게 돌아갔다. 2018년 최고의 축구 선수에게 주는 발롱도르 상 수상자도 모드리치였다. 그는 어린 시절 내전의 포화 속에서 지냈다. 하지만 그에 굴하지 않고 시간 나는 대로 축구를 하며 놀았다. 주변에서 총성이 울리는 가운데서도 그의 축구 놀이는 멈추지 않았다. 사람들은 모드리치를 축구공으로 유리창을 깨곤 하던 귀여운 사고뭉치로 기억한다.

필자가 대안학교 교장으로 있었을 때 6학년 담임 선생님이 수학여행 사진을 보여 주었다. 아이들이 여러 가지 포즈를 취한 사진들이었다. 그런데 한 장의 사진이 눈에 띄었다. 아이들이 공항 한구석에 둥글게 앉아 있는 사진이었다. "이건 무슨 장면이에요?" "아이들이 비행기를 기다리면서 공항 바닥에 앉아 수건돌리기 놀이를 하는 겁니다." 공항에서 비행기를 기다릴 때 거의 대부분의 사람들은 스마트폰을 들여다본다. 아이들이라고 다르지 않다. 그런데 애들은 공항 바닥에 퍼져 앉아 수건돌리기를 하며 놀고 있었다. 신선한 충격과 함께 감동이 밀려왔다.

요즘 아이들은 힘들고 어려운 시간을 보낸다. 그 모습을 보면 참 불쌍하다. 부모의 극진한 보살핌을 받고 남부럽지 않은 환경에서 자라는데 왜 불쌍한가? 놀이가 사라지는 나라에서 살고 있기 때문이다. 화려한 옷을 입고, 시설 좋은 학교에 다니고, 최첨단 교육을 받는다 할지라도 아이들이 놀 수 없는 나라라면 불행한 나라가 분명하다. 줄줄이 늘어선 학원 과제를 챙기느라 놀 시간을 빼앗긴 아이들은 경쟁사회 속에서 개인주의로 굳어 가고 있다. 큰 것을 얻기 위해 작은 것을 포기한 것이 아니라 도리어 작은 것을 얻기 위해 큰 것을 버린 것이다.

우리나라는 놀이도 공부로 배운다. 놀이가 아이들의 신체

및 인성 발달에 좋다고 하니 놀이를 '배우는' 학원이 생겼다. 놀이도 순서를 따라 차근차근 배운다. 창의력도 '배우고' 상상력도 '배운다'. 이 발상이 참으로 놀랍다. 놀이는 말 그대로 '놀이'로 접근할 때 가장 재미있다. 놀이를 또 다른 무엇을 위한 방편으로 삼으면 그것은 생명력을 잃고 시들어 간다.

　순수한 놀이는 아이들에게 여러 가지 선물을 한다. 우선 신체를 건강하게 자라게 한다. 아이들은 놀 때 밀고, 당기고, 달리고, 솟고, 앉고, 누르는 등 몸의 모든 근육을 활용한다. 낼 수 있는 최고의 힘을 쏟으면서 논다. 이런 놀이 활동으로 팔, 다리 등의 대근육과 손가락, 발가락의 소근육이 골고루 발달한다. 그리고 아이들은 놀이를 통해 자기 힘을 조절하는 능력을 스스로 익힌다. 자기의 지나친 움직임이 친구들에게 자칫 폭력이 될 수 있음을 깨닫는다.

　놀이는 아이들이 사회성을 키울 수 있도록 돕는다. 놀이는 대부분 함께해야 하는 공동체성을 띤다. 혼자 놀기보다 같이 노는 것이 훨씬 재미있기 때문이다. 같이 놀기 위해서는 관계를 잘 형성해야 한다. 규칙을 지켜야 하고, 때로는 양보해야 하며, 다른 사람을 배려해야 한다. 아이들은 놀이를 통하여 관계 맺는 기술을 자연스럽게 익힐 수 있다. 놀이를 하기 위해서는 소통을 해야 한다. 자연스레 친구들의 마음을 헤아리고 이해하는 공감 능력을 키울 수 있다. 그러면서 불편한 것을 평화롭게 잘 해결할 수 있는 지혜를 얻는다. 이런 사회성을 놀이에서 배우지 않고 교과서로 배우니 도덕과 윤리 점수는 높으나 전혀 도덕적이지 않은, 아는 것과 행동하는 것이 완전히 다른 이상한 사람이 만들어진다.[34]

놀이는 건전한 정서 발달을 가져온다. 아이들도 스트레스를 받는다. 성인병으로만 여기던 질병들이 요즘엔 10대들에게도 나타나고 있다. 그 주된 원인이 스트레스라고 한다. 아이들은 스트레스가 쌓여도 적절히 해소할 곳이 없다. 그래서 정서가 거칠어지고 분노가 폭발하곤 한다. 놀이 운동가 편해문은 놀이가 정서 불안의 가장 강력한 처방이라고 말한다.[35] 실제로 놀이를 하면 좋은 긴장감과 더불어 재미와 행복을 느낀다. 그러면 불안감은 사라지고 자신과 다른 사람을 신뢰하는 마음이 생긴다. 놀이는 이처럼 긍정적 자아관을 만든다.

놀이는 창의력과 융통성을 가지게 한다. 정지훈 교수는 『내 아이가 만날 미래』에서, 우리 아이들이 살아갈 미래는 '지식 자산'보다 '지식 융합'의 가치가 더 중요한 시대로서, 지식을 어떻게 해석하고 연결할 것인가가 중요하리라고 내다본다.[36] 이런 능력을 가진 사람이 되기 위해서는 창의융합력이 뛰어나야 하는데, 그러려면 마음껏 상상하고 뛰놀게 해야 한다.

아이들이 학교와 학원에 매이지 않고 하루 종일 재밌게 놀 수 있다면 얼마나 좋을까? 인공의 놀잇감이 아니라 자연을 벗 삼고, 인위적인 프로그램을 따라서가 아니라 자기가 하고 싶은 대로 하면서 놀 수 있다면 아이들의 마음과 표정이 달라질 것이다. 앞서 언급한 바 있는 덴마크 '숲 유치원'이 바로 그런 곳이다. 그곳 아이들은 추운 겨울날에도 두터운 방한복을 입고 여지없이 숲으로 나간다. 아이들은 숲에서 나무를 타고, 흙을 모아 성을 만들고, 나뭇잎을 모으며 논다. 1년 내내 숲은 편안함과 행복감을 내뿜는다.

아이들의 자유로운 활동은 유치원에서 멈추지 않는다. 우리나라 초등학교에 해당하는 폴케스콜레의 교실은 아이들 세상이다. 교실 앞 공간에서 뒹굴며 술래잡기를 하는 아이들이 있는가 하면, 자기가 만든 공작물을 가지고 신나게 실험하는 아이들도 있다. 특히 PBL 수업을 하는 학교에서는 거의 모든 시간이 학생들 중심으로 진행된다.

덴마크에는 시험이 거의 없다. 시험이 없으니 경쟁이 없다. 경쟁이 없으니 서로 허물없는 친구가 될 수 있다. 좋은 대학에 들어가기 위해 자신의 모든 것을 던질 필요가 없다. 여유를 가지고 주어진 것을 활용하여 친구들과 재미있게 지낼 수 있다. 놀이 활동이 자랄 수 있는 자양분이 충분한 것이다. 덴마크 부모들도 아이들이 마냥 논다고 나무라지 않는다. 도리어 재미있게 놀지 못하는 것을 걱정할 뿐이다. 사회가 그것을 가능하도록 만들어 주고 있다.

　반면 우리나라 교육에서는 놀이를 지워 버린 지 오래다. '노는 아이' '노는 학생'은 부정적인 뉘앙스의 표현이 되었다. 사람들의 기본적인 욕구인 '놀고 싶은 욕구'를 나쁜 감정으로 분류해 버렸다. 모범생은 놀지 않는다. 공부를 놀이같이 하지 않고 혼신의 힘을 다하여 진지하게 해야 한다. 그들에게 놀이는 결코 공부의 한 부분이 아니다. 공부를 좀먹는 해충과 같다. 이처럼 현재 우리나라에서는 놀이와 공부가 같이 갈 수 없다고 생각한다.

　하지만 아이에게 있어 놀이는 자신을 지키고 보호하는 기술을 익히는 중요한 수단이다. 놀이를 통하여 살아가는 데 꼭 필요한 여러 가지 기술을 배워야 한다. 놀이는 아이들을 해치지 않는다. 오히려 진정한 배움의 벗이다. 아이들의 건강한 성장을 이끄는 천부의 수단, 놀이를 제자리에 돌려놓을 때다.

## 일과 삶의 균형으로
## 가정과 사회를 지킨다

1950년대 미국 심리학자 해리 할로 박사의 '붉은털원숭이 실험'은 미국 가정에 충격을 주었다. 그 시대 미국은 아이를 따로 재우고 우유도 정해진 시간에만 주는 등 엄격한 육아를 중시하였다. 특히 아이가 울 때마다 안아 주면 아이는 점점 더 울며 결국 나약한 사람으로 자랄 거라고 생각했다. 그런 시대 분위기 속에서 선보인 '붉은털원숭이 실험'은 기존의 생각을 뒤흔들었다.

할로는 붉은털원숭이 새끼가 태어나자 몇 시간 만에 다른 우리에 넣어 어미와 분리시켰다. 그 우리에는 어미를 대신하는 원숭이 인형 두 개를 넣었다. 하나는 차가운 철사로 만든 것으로, 새끼 원숭이에게 필요한 우유병을 달고 있었다. 다른 하나는 나무로 만들어 몸통을 부드러운 천으로 감쌌다. 천으로 감싼 원숭이에는 우유병을 달지 않았다. 할로 박사는 아무것도 줄 수 없는 천으로 감싼 원숭이 말고, 먹을 것을 제공하는 철사 원숭이에 새끼 원숭이가 매달릴 것이라고 생각했다.

하지만 결과는 정반대로 나왔다. 새끼는 거의 대부분의 시간을 천으로 된 원숭이에 매달려 있었다. 그러다 배가 고프면 철사 원숭이에게 가서 우유를 먹고는 곧바로 천 원숭이에게 돌아왔다. 어떤 새끼 원숭이는 아예 천 원숭이에 매달린 채 목만 길게 내밀어 철사 원숭이에 달린 우유를 먹기도 했다. 새끼 원숭이들은 먹을 것을 제공하는 철사 원숭이보다 부드러운 천으로 된 원숭이에 애착을 느꼈다. 천 원숭이에 매달려 있는 새끼 원숭이에게 차가운 물을 끼얹고 뾰족한 것으로 찔러도 떨어지려 하지 않았다. 이 실험을 통해 생명체에게는 필요한 영양분이나 보상이 전부가 아니라 부드러운 스킨십 또한 대단히 중요하다는 것을 확인할 수 있었다.

다른 연구 결과를 보자. 2010년 시카고 대학교에서 저소득층 지역에 있는 초등학교의 교육 성취도가 얼마나 향상되었는지를 7년간 연구하여 발표하였다. 그 결과, 가족들이 적극적으로 참여하는 초등학교가 그렇지 못한 초등학교에 비해 수학 실력이 향상될 가능성은 10배, 읽기 실력은 4배 높았다.[37] 가정의 참여가 징서직, 인지적 발달에 큰 영향을 끼친나는 것을 알 수 있나.

덴마크 출신의 가족 상담 전문가인 예스퍼 율은 『부모와
아이 사이, 사랑이 전부는 아니다』에서, 아이를 진심으로 이해하
고 존중하는 가족의 분위기가 아이를 키운다고 말하면서 아이에
대한 부모의 관심을 강조했다. 그래서 아이의 말을 경청하기 위
해 시간을 들여야 하고, 온 마음을 다하여 바라보며 생각해야 한
다고 했다.[38] 부모로부터 많은 관심을 받고 감정을 이해받은 아이
들이, 다른 사람의 마음을 이해하는 공감 능력이 뛰어나다는 것
은 잘 알려진 사실이다.

　　덴마크 사람들은 일과 삶의 균형을 아주 중요하게 여긴다.
일도 중요하지만 가족과 함께 보내는 시간을 삶의 가장 우선순
위에 두고 있다. 덴마크의 근무시간은 주당 37.5시간으로 EU 국
가 중에서 가장 적다. 가정을 위해 할애하는 시간도 유연하게 조
절할 수 있다. 아이들의 성장 시기에 부모가 함께하는 것이 당연
한 일이라 생각하기 때문에 아버지들이 유아원에 아이를 데리러
가기 위해 일찍 퇴근한다. 저녁이 되면 온 가족이 식탁에 둘러앉
는다. 따뜻한 조명 아래서 같이 저녁 식사를 하며 낮에 일어난 일
들을 서로 이야기한다. 저녁 식사가 끝나면 부모는 아이들과 함
께 노는 시간을 갖는다. 같이 책을 읽고 보드 게임을 한다. 특별
한 이벤트가 없더라도 분위기는 편안하고 따뜻하다. 그들은 이렇

게 '휘게'를 즐긴다.[39]

6월이 되면 덴마크 사람들은 들뜬다. 그동안의 스트레스와 일상에서 벗어나 가족끼리 휴양지로 갈 계획을 세운다. 덴마크에는 5주간의 유급휴가가 있다. 특히 5월부터 9월까지의 여름휴가 때는 연속하여 3주를 쉴 수 있다. 본격적인 휴가 기간인 7월 중순이 되면 대부분의 공장은 휴가에 들어가 2주 동안 일을 하지 않는다. 가게들도 문을 닫고 사무실은 필수 인원만 근무하여 코펜하겐의 거리는 한산하다. 나머지 2주는 크리스마스 때나 다른 날에 적절하게 사용할 수 있다. 자녀가 아플 때는 추가로 유급휴가를 쓸 수 있다. 자녀를 돌보는 데 다른 사람의 눈치를 볼 필요가 없음은 물론이다. 이처럼 정부와 사회가 가정과 직장 사이 삶의 균형을 제도적으로 돕고 있다.


"다 너를 위해 희생하는 거야." 우리나라 부모는 이 말을 입에 달고 산다. 아빠는 가정의 행복을 위해 밤늦게까지 일에 시달리고 상사에게 눈치와 면박을 받으면서도 참는다. 엄마는 자녀를 학원 한 곳이라도 더 보내기 위해 가까운 마트에 취직하여 한 푼이라도 더 벌고자 애쓴다. 자녀들은 부모의 기대에 벗어나지 않기 위해 학교에 갔다가 지친 몸을 이끌고 학원에 간다. 집에 돌아오면 밤 10시가 넘는다. 아무도 강요하지 않지만 가족 모두가 서로의 '행복'을 위해 자신을 희생한다. 하지만 정작 행복한 사람은 아무도 없다. 서로 희생한 만큼 행복한 가정이 만들어져야 하는데, 오히려 늘 바쁜 부모와, 부모의 짐을 덜기 위해 다른 사람의 손에 맡겨진 아이, 그리고 학원에 내몰린 자녀가 있을 뿐이다. 모두가 행복을 꿈꾸지만 행복하지 않다.

아이와 함께 행복하게 보내는 시간을 싫어하는 사람은 없다. 가정의 중요성을 모르지 않지만 지금은 그럴 때가 아니라고 말한다. 조금만 더 참고 견디면 나중에 그런 날이 올 것이라고 생각한다. 하지만 시간은 손에서 떠나 버린 새처럼 다시 돌아오지 않는다. 지금 행복의 냄새를 맡지 않으면 나중에도 행복을 잡을 수 없다. 자녀가 가정에서 시간을 보내며 자라도록 해야 한다. 기업은 부모를 제때 가정으로 돌려보내야 한다. 가정이 무너지면 기업도 사회도 국가도 위태롭다.

고3병, 대2병…
우리에게도 휘게 교육은 필요하다

수능 준비로 인한 스트레스와 체력 저하로 두통이나 소화 불량을 자주 겪는 '고3병'은 널리 알려진 증상이다. 상태가 더 심하면 가슴이 조이는 듯한 통증을 느끼기도 한다. 시험에 대한 불안감과 스트레스가 원인이라 '휴식'이 필수이지만, 그것은 고3의 선택지에는 존재하지 않는다.

요즘은 '대2병'이 회자되고 있다. '대2병'은 자아 정체성의 상실이나 혼란에서 기인하여 무기력증, 심지어 우울증에 시달리는 병이다. 우리나라 학생들의 주목표는 '대학 진학'이다. 그것도 취직이 잘 되고 미래를 보장해 줄 수 있는 '명문대학'으로의 진학이다. 이 목표에 도달하기 위해 유치원 때부터 영어를 배우고, 학창 시절 내내 학원을 다닌다. 팍팍한 스케줄 때문에 놀거나 스스로 생각할 시간이 없다. 초등학생을 지나 중학생과 고등학생이 될 때까지 정작 자기가 좋아하는 것이 무엇인지 찾지 못하고, 자기 꿈이 무엇인지 그려 보지 못한다. 부모님과 선생님은 대학에 가면 모든 것이 해결된다고 말한다.

남들이 다 한길로 달려가기 때문에 자기도 치열하게 경쟁하면서 분초를 아껴 가며 대학 진학에 성공한다. 부모는 기뻐하고, 치열했던 시간은 완전히 멈춘 것 같다. 대학 1학년을 들뜬 기분으로 새로운 환경에 적응하며 보낸다. 1학년 때 배우는 강의도 교양 중심이라 큰 어려움이 없다. 대학 2학년이 되면 본격적인 전공 학습에 들어간다. 그때부터 혼란을 겪는다. "내가 왜 이걸 선택했지?" 자기가 서 있는 자리를 처음으로 확인하는 바로 그 순간, 그곳은 자기가 원하는 자리가 아님을 깨닫는다. 정체성 혼란과 더불어, 계속 갈 것인가, 진로를 변경할 것인가를 두고 고민한다. '대2병'이 시작된다.

이화여대 시사 웹진 「DEW」에 따르면 '대2병'을 경험했거나 경험하고 있는 비율이 전체의 66퍼센트를 차지하며, 이들은 자신의 앞날이 막막하고 불안하다고 토로한다.[40] 더불어민주당 안민석 의원실에서 제공한 2015학년 학적 변동 대학생 수를 보면 자퇴생이 3만 8523명, 전과생이 1만 2179명, 휴학생이 46만 7570명이나 된다.[41] 개인이 선택한 것이니까 개인이 책임지라고 하고 말기에는 너무 심각한 수준이 아닌가? 개인 차원의 문제가 아니라 사회문제다. 학생들은 분초를 아끼고 마지막 힘까지 짜내어 바늘구멍을 뚫고 대학에 들어갔지만 그곳에서 정작 자신의 길을 잃어버린 것이다. 아니, 어쩌면 그제야 비로소 자기 길이 무엇인지, 자기가 누구인지에 눈을 뜨기 시작한 것인지도 모른다. 눈 딱 감고 가던 길을 갈 수도 없고, 그렇다고 다시 돌아갈 용기도 부족하고……. '대2병'은 학생들의 가슴을 더욱 좁아들게 한다.

덴마크 학생들은 '대2병'을 알지 못한다. 어릴 때부터 스스로 자신의 길을 찾아온 이들이니 당연하다. 자신이 정말 좋아하는 것이 무엇인지를 찾고, 그것을 실험해 볼 수 있는 교육 구조 덕분이다. 하지만 아무리 좋은 교육 구조나 제도라 해도 사회가 그것을 수용하지 못한다면 뿌리내릴 수 없다. 교육제도가 안정적으로 정착하기 위해서는 사회 문화와 의식이 중요하다.

앞서 살펴봤듯, 덴마크 문화는 한마디로 '휘게' 문화이다. '휘게'는 사랑하는 사람들과 함께 안온한 환경 속에서 따뜻한 차를 마시며 평화로이 담소를 나누는 분위기로 표현할 수 있다. 이러한 휘게 문화는 덴마크 교육에도 깊이 녹아들어 있다. '휘게 교육'은 교육 '방법'이 아니라 교육의 '분위기'에 주목한다. 이 분위기는 교육의 가치와 방향성을 고스란히 담고 있다. 또한 이 가치는 사회정신이자 문화로 점차 발전해 나간다. '휘게'의 어떤 면이 교육에 녹아들어 숨을 쉬고 있을까? 휘게스러운 교육 분위기에 대해 살펴보자.

첫째, 휘게스러운 교육은 소소한 일상을 귀하게 여긴다. 휘게는 화려하지 않다. 화려한 것은 휘게가 아니다. 교육도 화려하지 않다. 일상의 이야기가 교육의 내용이며, 일상에 필요한 것을 배우는 것이 교육이다. 교육을 통해, 일상에서 일어나는 일들이 얼마나 가치 있는 것인지 인식하고 거기 익숙해지는 법을 자연스레 배운다. 아이들의 대부분이 자전거를 타고 등하교를 한다. 자전거 모는 법, 자전거 교통법, 자전거를 관리하고 수리하는 법을 배운다. 먹거리를 밭에서 재배한다. 그걸로 직접 주스를 만든다. 축구를 하고 배구를 한다. 살아가면서 필요한 지식과 기술이 교육의 핵심을 이룬다. 일상을 잘 사는 사람이 행복한 사람이다. 덴마크 교육은 일상적인 삶을 잘 살아가는 행복한 사람을 만든다.

둘째, 휘게스러운 교육은 함께하는 것의 소중함을 가르친다. 휘게는 함께할 때 참된 것이다. 휘게스러운 분위기에서 이야기를 나눌 때에는 한 사람이 이야기를 독점해서는 안 된다. 모든 사람들이 골고루 이야기할 수 있도록 서로 배려한다. 교육도 혼자만 잘하도록 가르치지 않는다. 함께할 수 있는 것들을 가르친다. 함께하다 보면 갈등이 생기는데, 자연스레 그것을 해결하는 법을 배우게 된다. 상대방을 배려하는 법을 배운다. 도와줘야 할 때와 기다려 줘야 할 때를 구분한다. 덴마크는 협력하는 팀 수업이 많다. 같이 만들고, 같이 조사하고, 같이 주어진 문제를 해결한다. 그러면서 함께하는 것이 서로에게 도움이 되며, 훨씬 더 큰 힘을 발휘한다는 것을 배운다.

셋째, 휘게스러운 교육은 자신을 생각하게 만든다. 휘게는 함께하는 것이지만 전체 속에 자신을 매몰시키는 것이 아니다. 모두 자신의 다양한 색깔을 간직한 채 함께한다. 그래서 다 똑같은 우리가 아니라 다양한 사람들이 만난 우리가 된다. 교육도 우선 자신이 누구며, 무엇을 좋아하는지 깨닫게 하는 것을 중시한다. 그것을 빨리 깨달은 사람은 자기 속도로 갈 수 있다. 그러지 못한 사람은 그 자리에 서서 또 다른 교육을 통하여 자신을 찾는 시간을 가진다. 다른 사람들의 흐름에 자신을 맞추지 않는다. 에프터스콜레와 폴케호이스콜레가 이런 기능을 감당하고 있다. 직업을 가지고 일을 하다가도 자기가 원하는 다른 것이 있으면 새로 배워서 그 길을 갈 수 있다. 자신의 판단에 따라 언제든지 배울 수 있고 언제든지 시작할 수 있다. 남과 비교할 필요가 전혀 없다.

넷째, 휘게스러운 교육은 오감을 느끼게 한다. 휘게는 모든 감각으로 느끼는 행복이다. 달콤한 초콜릿, 은은한 조명, 따뜻한 벽난로, 부드러운 옷감, 나무 타는 향긋한 냄새. 이 모든 것이 휘게를 풍요롭게 하듯, 교육도 눈이나 귀로만 배우지 않고 입으로 맛보고 손으로 만지며 느끼고 생각하게 한다. 교실에 앉아서 하는 수업도 있지만, 숲속에서, 잔디 위에서, 음식을 만들며, 노래 부르며 자유롭게 배운다. 모든 감각을 다 활용하도록 하여 가장 인상적인 교육이 되게 한다.

다섯째, 휘게스러운 교육은 현실을 담아낸다. 덴마크의 휘게는 좋은 환경에서 만들어진 것이 아니다. 춥고 긴 겨울과 일찍 시작되는 밤을 도리어 행복의 발판으로 만들었다. 회색빛 현실을 장밋빛 희망으로 바꾼 것이다. 교육도 현실을 정확하게 보는 눈을 갖게 한다. 현실을 회피하지 않고 대화하며 개선한다. 서로의 사상과 입장을 인정하면서 사회적 합의를 이끄는 교육을 한다. 서로 다른 의견을 합의에 이르게 함으로써 더 큰 시너지 효과를 얻는다. 앞서 살펴본 협동조합 제도, 풍력발전소와 같은 것이 바로 교육의 힘이 낳은 소중한 자산이다.

'나는 누구인가?' '나는 무엇을 위해 살 것인가?' 이미 오래 전에 했어야 하는 고민을 뒤늦게 하면서 맞이하는 '대2병'. 늦었더라도 반드시 질문해야 한다. 그리고 답을 찾기 위해 시간을 들여야 한다. 주변 사람들은 기다려 주어야 한다. 병을 자각하고 치료에 임할 때 더 나은 삶을 살아갈 수 있듯이, '대2병'을 앓는 이가 자신을 찾을 때까지 기다려 주어야 한다. 그 시간의 끝에는 반드시 더 나은 삶을 위한 날갯짓이 있을 것이다.

우리는 달려가는 교육 기관차의 선로를 한시바삐 살펴보아야 한다. 잘못된 선로를 바로잡아야 할 절박한 시기다. 교육은 저 혼자서 개혁되지 않는다. 사회와 정치가 함께해야 진정한 교육 개혁을 이룰 수 있다. 교육 개혁의 키를 사회와 정치가 공유할 때이다.

# 실패해도 다시 시작할 수 있는 덴마크 사회

몇 년 전, 등에 '남의 집 귀한 자식'이란 글귀를 새긴 어느 식당의 아르바이트생 유니폼이 화제였다. 손님들이 함부로 부르고 가볍게 대하는 젊은이들도 자기 집에 들어가면 귀한 자식이니 막 대하지 말라는 당부를 담은 것이었다. 얼마나 손님들에게 시달렸으면 저렇게 새겨야 했을까 하는 짠한 마음이 든다. 주인의 갑질을 속수무책으로 당하고, 진상 손님들의 온갖 인격 모독에도 연신 죄지은 사람처럼 머리를 숙여야 하는 청년들은 결코 개인적인 능력이 부족한 사람들이 아니다. 현재의 청년들은 유사 이래로 최고의 스펙을 가진 세대이다. 고학력에 외국어 능력과 각종 자격과 다양한 경험을 고루 갖춘 인재들이다. 하지만 그들은 아버지의 세대를 넘어설 수 없는 높은 벽 앞에 서 있다.

게다가 그들은 그 유명한 '수저 계급론'의 시대를 살고 있다. 더 이상 개인의 노력으로 극복할 수 없는 사회적 장벽 앞에서 젊은 세대는 좌절하고 있다. 그 여파로 젊은층은 '욜로'를 부르짖는다. 욜로는 원래 '한 번뿐인 인생이니 새로운 것에 도전하자'는 의미를 가지고 있지만, 사회 유동성이 점점 낮아지는 우리 사회에서는 '한 번뿐인 인생, 멋지게 즐겨 보자'로 통한다. 3포 세대, 5포 세대를 넘어 이제는 N포 세대라고 불리는 청년들은, 꿈의 날개를 접고 단지 현실을 즐기는 것으로 만족하려 한다.

이런 사회현상이 일어나는 이유는 무엇일까? 바로 심각한 소득 불평등과 낮은 사회 유동성 때문이다. 쉽게 말하면 개천에서 용 나는 시대는 지나갔다는 얘기다. 이전에는 가난한 집에서 태어나더라도 개인의 노력 여하에 따라서 계층 이동이 가능했지만 지금은 어림도 없다. 이런 현상을 우리 국민들은 얼마나 절감하고 있을까? 현대경제연구원의 조사에 따르면, 국민의 81퍼센트가 열심히 노력해도 계층 상승이 어렵다고 생각하며, 90퍼센트는 부와 가난이 그대로 대물림된다고 느끼고 있다. 아무리 열심히 노력해도 좋은 결과를 얻을 수 없다고 생각한다면 누가 열심히 일할 의욕을 가지겠는가? 희망의 빛을 잃어 가니 미래에 대한 기대는 더욱 침침하고 어두워질 수밖에 없다.

오랫동안 자유와 도전, 그리고 기회의 나라로 인식되며 우리의 롤 모델이었던 미국의 상황은 우리보다 더 심각하다. 미국에서는 2008년 금융위기 이후 최상위 부자들의 소득은 급격하게 높아졌지만 대다수 국민들의 소득은 제자리걸음을 하고 있다. 2009~2012년 사이 소득 증가분의 90퍼센트를 상위 1퍼센트의 사람들이 가져갔다고 한다.[1] '아메리칸 드림'은 빨간불이 들어온 지 이미 오래다.

에드 밀리밴드 전 영국 노동당 당수도 미국이 더 이상 기회의 땅이 아니라고 말했다. 그는 2012년 사회이동에 관한 콘퍼런스에서 "아메리칸 드림을 원한다면 핀란드로 가십시오"라고 발언했다.[2] 미국 민주당 대선 주자 토론회에서 버니 샌더스 후보는 "지금 미국의 자본주의는 소수가 너무나 많은 것을 소유한 카지노 자본주의다. 덴마크로부터 미국이 배워야 한다"고 말하면서, 덴마크를 서민 지원 정책의 롤 모델로 제시했다.


덴마크를 비롯해 핀란드와 노르웨이 등 북유럽 국가들은 사회 유동성이 높은, 다시 말해 부모의 배경 없이 자신의 노력으로 계층 상승이 가능한 나라로 각광받고 있다. 하지만 정작 그 나라 사람들은 '사회 유동성' 자체에 큰 의미를 두지 않는다. 신분이 상승하거나 부유한 생활 수준으로 올라가는 것은 그들에게 일차적 관심이 아니기 때문이다. 그들이 추구하는 것은 권력과 돈을 가져 남보다 화려하고 부유하게 사는 삶이 아니다. 그들은 부모의 성향이나 재력과 능력에 발목 잡히지 않고, 자기가 원하는 것을 하면서 자유롭게 살아갈 수 있는 사회를 원한다.

덴마크는 사회 유동성이 가장 높은 나라 중의 한 곳이다. 정부가 사회 구조를 통해 소득 격차를 줄이고 세금 제도를 통해 직접적인 재분배에 적극적으로 나선 결과이다. 모든 국민에게 무상의료 혜택을 제공할 뿐만 아니라 직장을 잃더라도 현재의 삶을 유지할 수 있도록 실업급여를 지급한다. 그리고 새로운 직장을 찾을 수 있도록 충분한 시간을 주며 정부가 앞장서서 교육하여 재취업을 유도한다. 세금을 통한 소득의 재분배는 모든 이가 비슷한 생활을 유지하게 하여 서로 친구가 되게 한다. 이는 자신의 직업에 대한 만족도를 높이며 서로의 역할을 존중하는 안전한 공동체를 만드는 밑바탕이 된다.

사회 유동성을 위한 또 하나의 축은 교육이다. 그런데 우리나라에서 어려운 형편 속에 자라는 아이는 교육의 기회가 주어져도 붙잡기가 쉽지 않다. 이들은 비싼 학비를 스스로 충당해야 하고, 수시로 발생하는 집안의 여러 문제들도 해결해야 한다. 더 좋은 곳으로 진학하기 위해 정보를 수집하고 계획을 수립해야 하는데 그것을 도와줄 사람도 없다. 교육의 기회가 모두에게 공평하게 열려 있다고 하지만, 교육 자체가 경제력에 절대적으로 지배를 받고 있어서 마치 기울어진 운동장에서 불공정한 경기를 하는 것과 같다.

지금 우리 사회는 열심히 노력하고 더 많은 열정을 불태운다고 해서 자기의 꿈을 이룰 수 있는 곳이 아니다. 자기 계발이 부족하거나 개인 회복력이 부족하기 때문이 아니라, 올라갈 사다리가 부러졌기 때문이다. 이것을 눈치챈 청년들은 더 이상 꿈을 꾸지 않는다. 꿈꾸는 것마저 사치라고 말한다. 그저 지금 순간을 즐기는 것이 최고라며, 가벼운 쾌락만을 좇는 자조적인 삶을 살고 있다.

사회 유동성을 높이기 위한 획기적인 변화가 사회 구조적으로 일어나지 않으면 청년들은 더 이상 일어설 수 없다. 덴마크가 추구하는 복지와 교육을 언급하는 것은 우리 사회에 사회 유동성을 확보할 새로운 물꼬를 트기 위해서다. 누가 안전망 없는 암벽에 감히 오르려 하겠는가? 잘 짜여진 사회적 안전망이 있다면, 우리 아이들은 아무리 험한 암벽이라도 도전해 보고자 할 것이다. 자신의 길을 찾는 도전은 단순히 개인의 용기에 달려 있는 것이 아니다. 실패해도 안전하게 받쳐 주는 튼튼한 사회 안전망이 있을 때 그것은 가능하다.

## 들어가며 _ 가장 행복한 나라, 덴마크

1    바스 카스트, 『선택의 조건』, 정인회 옮김, 한국경제신문사, 2012,
     5~11쪽 참조

2    "덴마크, 세계에서 2번째로 행복한 나라", 「NAKED DENMARK」,
     2019년 3월 21일 참조

3    말레네 뤼달, 『덴마크 사람들처럼』, 강현주 옮김, 마일스톤, 2015,
     14쪽 참조

4    마이크 비킹, 『휘게 라이프, 편안하게 함께 따뜻하게』, 정여진 옮김,
     위즈덤하우스, 2016, 23쪽 참조

5    말레네 뤼달, 앞의 책, 24~27쪽 참조

6    『2016년 사회통합실태조사』, 한국행정연구원, 2016, 122쪽 참조

## Chapter 1. 이토록 행복한 학교 : 덴마크의 교육체계

1   폴 담, 『덴마크의 아버지 그룬트비』, 김장생 옮김, 누멘, 2009,
    7~8쪽 참조

2   같은 책, 40쪽 참조

3   같은 책, 48쪽 참조

4   같은 책, 43~44쪽 참조

5   세계은행 통계 자료

6   "덴마크 교육, '평범한 위인'을 키운다", 「프레시안」,
    2016년 3월 18일 참조

7   "남성 육아휴직, 韓 제도는 OECD 최상위…사용률은 '저조'",
    「연합뉴스」, 2015년 12월 2일 참조

8   "덴마크 육아시장 요즘 키워드는 '아빠 육아'",
    「KOTRA 해외시장뉴스」, 2015년 8월 27일 참조

9   "[女보는 눈 바꿔야 국가경제가 산다] 동화책에서나 볼 법한…
    월요일 낮, 덴마크 아빠들 모임", 「서울신문」, 2015년 6월 28일 참조

10  김영희, 『대한민국 엄마들이 꿈꾸는 덴마크식 교육법』, 명진출판,
    2010, 105쪽 참조

11    같은 책, 100~101쪽 참조

12    같은 책, 107쪽 참조

13    같은 책, 56~57쪽 참조

14    ""공교육 만족하지 않는다" 62%… "교육 평준화 강화해야"
      63%"", 「조선일보」, 2015년 8월 12일 참조

15    "덴마크 교육 한눈에 보기 초·중등교육", 「NAKED DENMARK」,
      2016년 11월 8일 참조

16    같은 글 ; 송순재·카를 K. 에기디우스·고병헌 편저,
      『덴마크 자유교육』, 민들레, 2011, 112쪽 참조

17    같은 책, 116쪽 참조

18    『덴마크 대안교육을 만나다』, 삶을 위한 교사대학·서울특별시
      교육청·인천광역시교육청, 2017, 6쪽 참조

19    "민족·사회와 소통하는 공공성 회복 필요", 「한국기독공보」,
      2016년 10월 17일 참조

20    『덴마크 대안교육을 만나다』, 2017, 12~13쪽·15쪽 참조

21    "행복지수 1위 덴마크의 비결, 교육에서 찾다!", 「코리안스피릿」,
      2017년 4월 13일 참조

22  "강화도에 간 덴마크총리 스마트폰을 꺼내든 이유",
「오마이뉴스」, 2016년 10월 24일 참조

23  오연호, 『우리도 행복할 수 있을까』, 오마이북, 2014,
193~194쪽 참조

24  PROOF, 〈대한민국 고등학생의 가방 무게를 재어 보았다〉,
「YouTube」, 2016년 9월 30일 참조

25  송순재·카를 K. 에기디우스·고병헌 편저, 앞의 책, 131~132쪽 참조

26  같은 책, 130쪽 참조

27  폴 담, 앞의 책, 41~43쪽 참조

28  『덴마크 대안교육을 만나다』, 69~70쪽·76쪽 참조

29  같은 책, 69쪽 참조

30  같은 책, 76쪽 참조

Chapter 2.  학생이 행복한 나라, 덴마크 : 덴마크 학생들이 사는 법

1   "고졸 취업 늘어나… 대학진학률 70% 밑으로 '뚝'", 「한국일보」,
2016년 8월 30일 참조

2    "코펜하겐대, 유럽 대륙 2대 대학 선정", 「NAKED DENMARK」,
     2016년 8월 19일 참조

3    "2016 ARWU 국내1위 서울대… 고려대 성대 KAIST 포스텍 톱5",
     「베리타스 알파」, 2016년 8월 18일 참조

4    송순재·카를 K. 에기디우스·고병헌 편저, 앞의 책, 136~138쪽 참조

5    김승권 외, 『전국 출산력 및 가족보건·복지실태조사(2012)』,
     한국보건사회연구원, 2012, 842~844쪽 참조

6    최성근, "'엔젤계수'란 무엇일까?", 「click 경제교육」 2014년 9월호,
     KDI 경제정보센터, 20~21쪽 참조

7    모르텐 스트랑예, 『덴마크』, 조혜정 옮김, 휘슬러, 2005, 230쪽 참조

8    아누 파르타넨, 『우리는 미래에 조금 먼저 도착했습니다』,
     노태복 옮김, 원더박스, 2017, 141쪽 ; 아비지트 배너지·에스테르
     뒤플로, 『가난한 사람이 더 합리적이다』, 이순희 옮김, 생각연구소,
     2012, 357쪽 참조

9    경기문화재단TV, 〈대화하는 교육공동체–덴마크의 그룬트비 교
     육〉, 「YouTube」, 2013년 8월 2일 참조

10   오연호, 앞의 책, 295~300쪽 참조

11   경기문화재단TV, 앞의 영상 참조

12  폴 담, 앞의 책, 67~70쪽 참조

13  최진석,『탁월한 사유의 시선』, 21세기북스, 2017, 122쪽 참조

14  여성 포털사이트 '이지데이(http://www.ezday.co.kr)' 설문조사 결과.
    조사기간 2013년 10월 7일~15일. 조사 대상 424명

15  "기적의 섬, 삼쇠",「오마이뉴스」, 2018년 10월 29일 참조

16  "'신고리 5·6호기 공론화'가 우리에게 남긴 숙제들",「한겨레」,
    2017년 10월 25일 참조

17  데이비드 번즈,『관계 수업』, 차익종 옮김, 흐름출판, 2015,
    100~103쪽 참조

18  "[교육칼럼] 시험 공포증에 대비하자 – 루이스 정",「중앙일보」
    (미주판), 2013년 4월 26일 참조

19  "[2018청소년] 사망원인 1위 자살…4명중 1명 심각한 우울감",
    「연합뉴스」, 2018년 4월 26일 참조

20  "2017년 청소년을 말하다",「조선닷컴」, 2017년 9월 27일 참조

21  오연호, 앞의 책, 155쪽 참조

22  마틴 메이어·레네 메이어 하일,『최고의 교육은 어떻게
    만들어지는가』, 김효정 옮김, 북하우스, 2015, 151쪽 참조

23 "경기교육청 "학생자살 예방…'2년 담임제' 연구검토"",
「매일경제」, 2015년 4월 6일 참조

24 "한국 교사 위상 OECD '상위권'…학생들 존경심은 '꼴찌'",
「노컷뉴스」, 2013년 10월 7일 참조

25 오연호, 앞의 책, 164~166쪽 참조

26 ""전교 50등까지만 유리벽 자습실 제공 자극받으라고요?
어이없고 속상해요"", 「경향신문」, 2015년 10월 7일 참조

27 "영국 명문대생, '수능 영어' 풀어보더니 깜짝…"어렵다"",
〈JTBC 뉴스룸〉 2015년 11월 1일 참조

28 〈공부하는 인간 1부 –오래된 욕망〉, 정현모·남진현 연출, KBS1,
2013년 2월 28일 참조

29 "국제 학업 성취도 평가(PISA) 2015 결과", 「연합뉴스」,
2016년 12월 6일 참조

30 마틴 메이어·레네 메이어 하일, 앞의 책, 18쪽 참조

31 켄 로빈슨, 『학교혁명』, 정미나 옮김, 21세기북스, 2015, 268쪽 참조

32 "한국학생 '삶의 만족도' 48개국 중 47위", 「조선일보」,
2017년 4월 21일 참조

33  켄 로빈슨, 앞의 책, 16쪽 참조

34  오마에 겐이치, 『지식의 쇠퇴』, 양영철 옮김, 말글빛냄, 2009, 212쪽 참조

35  "'제3의 물결' 앨빈 토플러가 '한국 학생들'에게 안타까워하며 했던 말", 「인사이트」, 2016년 6월 30일 참조

36  "질문 안 하는 기자들? 안 하는 게 아니라 못하는 것", 「미디어오늘」, 2014년 2월 3일 참조

37  ""中·싱가포르는 수학적 思考… 한국은 암기만"", 「조선일보」, 2017년 5월 1일 참조

38  이혜정, 『서울대에서는 누가 A+를 받는가』, 다산에듀, 2014, 46쪽·62쪽 참조

39  오마에 겐이치, 앞의 책, 6~8쪽 참조

40  같은 책, 12쪽 참조

41  고재학, 『부모라면 유대인처럼』, 예담friend, 2010, 5쪽 참조

42  심정섭, 『질문이 있는 식탁, 유대인 교육의 비밀』, 예담friend, 2016, 32~33쪽 참조

43  "뉴스G – 하늘은 왜 파란색인가요?", 〈EBS뉴스〉,

2016년 7월 13일 참조

44 말레네 뤼달, 앞의 책, 51~52쪽 참조

45 "안타까운 '길거리 심장마비'", 「중앙일보」,
   2006년 12월 11일 참조

46 "초등학교 '생존수영 교육' 실효성 논란", 「경주신문」,
   2017년 4월 13일 참조

47 "'생존 수영'까지 선행학습 해야 하는 초등생들", 「경향신문」,
   2017년 7월 5일 참조

48 〈수업을 바꿔라 7화〉, 문태주 연출, tvN, 2017년 6월 30일 참조

49 〈수업을 바꿔라 8화〉, 문태주 연출, tvN, 2017년 7월 7일 참조

Chapter 3.
우리의 행복한 미래 교육은 어디에 : 이 땅의 학생들을 위하여

1  "4차 산업혁명 위한 인재를 양성하라", 「미래한국」,
   2016년 7월 20일 참조

2  "세계경제포럼(WEF) '직업의 미래' 보고서 : 4차 산업혁명 도래…
   "전 세계 7세 아이들 65%는 지금 없는 직업 가질 것"
   −주요 내용과 전망, 교육 차원의 대응", 「교육개발」 2016년 여름호,

한국교육개발원

3    박순서, 『공부하는 기계들이 온다』, 북스톤, 2016,
230~231쪽 참조

4    "[창간 35주년 특집 I]우리의 현실 〈5〉교육의 위기", 「전자신문」,
2017년 9월 19일 참조

5    "스티브 잡스와 소크라테스", 「미주 한국일보」,
2012년 1월 31일 참조

6    ""외운 것은 가장 낮은 수준의 지식일 뿐"", 「프레시안」,
2009년 3월 19일 참조

7    "고교내신과 융합·창의능력은 아무 관계 없었다", 「매일경제」,
2017년 6월 25일 참조

8    제임스 서로위키, 『대중의 지혜』, 홍대운·이창근 옮김,
랜덤하우스코리아, 2005, 9~11쪽 참조

9    "[영상]덴마크 학생들이 행복한 이유?…창의성과 다양성의 존중",
「노컷뉴스」, 2011년 6월 3일 참조

10   "[서울신문 신년특집] 지나간 10년, 다가올 10년 - 집단 지성시대가
왔다", 「서울신문」, 2010년 12월 31일 참조

11   KBS 〈명견만리〉 제작팀, 『명견만리 : 미래의 기회 편』, 인플루엔셜,

2016, 110쪽 참조

12  말레네 뤼달, 앞의 책, 154쪽 ; 모르텐 스트랑예, 앞의 책, 42쪽 참조

13  "100대 기업의 인재상…5년 전 도전정신에서 이제는 '소통·협력'",
    「머니투데이」, 2018년 8월 27일 참조

14  김영훈, 『4~7세 두뇌 습관의 힘』, 예담friend, 2016, 60~61쪽 참조

15  켄 로빈슨, 앞의 책, 8쪽 참조

16  모르텐 스트랑예, 앞의 책, 219쪽 참조

17  〈EBS다큐프라임 - 왜 우리는 대학에 가는가〉(총 6부),
    이지현·채라다 연출, EBS, 2014년 1월 20일~29일 참조

18  SBS 스페셜 〈부모 vs 학부모〉 제작팀, 『부모 vs 학부모』,
    예담friend, 2014, 118쪽 참조

19  "왜 공무원시험에 몰리나? 따져보면 볼수록 공무원이 최고",
    「주간동아」, 2017년 10월 14일 참조

20  KBS 〈명견만리〉 제작팀, 앞의 책, 238쪽 참조

21  윌리엄 데레저위츠, 『공부의 배신』, 김선희 옮김, 다른, 2015,
    8~12쪽 참조

22 새뮤얼 아브스만, 『지식의 반감기』, 이창희 옮김, 책읽는수요일,
   2014, 60쪽 참조

23 KBS 〈명견만리〉 제작팀, 앞의 책, 5쪽 참조

24 〈오늘 미래를 만나다 – 대학의 길, 교육의 미래〉,
   송영석·구상모 연출, KBS1, 2015년 10월 3일 참조

25 모르텐 스트랑예, 앞의 책, 230쪽 참조

26 "'쉬운 해고'의 나라에는 △이 있다", 「한겨레21」 제1081호,
   2015년 10월 7일 참조

27 "서울대 취업률 70%? 거품 빼니 45%", 「동아일보」,
   2018년 12월 18일 참조

28 〈EBS다큐프라임 : 공부의 배신 3부 – 꿈의 자격〉, 김지원 연출,
   EBS, 2016년 5월 18일 참조

29 ""돈이 최고" 직업선택 기준 1위", 「머니투데이」,
   2010년 1월 25일 참조

30 말레네 뤼달, 앞의 책, 49쪽 참조

31 "[김규항의 좌판]⑭ 놀이운동가 편해문", 「경향신문」,
   2012년 4월 17일 참조

32 "[놀이가 밥이다]"놀이 결핍, 사회적 대화 물꼬 터지면 문제 쉽게 풀릴 수도"", 「경향신문」, 2014년 3월 20일 참조

33 켄 로빈슨·루 애로니카, 『누가 창의력을 죽이는가』, 최윤영 옮김, 21세기북스, 2019, 25쪽 참조

34 편해문, 『아이들은 놀이가 밥이다』, 소나무, 2012, 194~195쪽 참조

35 같은 책, 25~29쪽 참조

36 정지훈, 『내 아이가 만날 미래』, KOREA.COM, 2013, 88~89쪽 참조

37 켄 로빈슨, 앞의 책, 329쪽 참조

38 예스퍼 율, 『부모와 아이 사이, 사랑이 전부는 아니다』, 김태정 옮김, 예담friend, 2016, 219~224쪽 참조

39 말레네 뤼달, 앞의 책, 120~125쪽 참조

40 ""막막하고 불안해요" 대2병 앓는 대학생들", 「Story of Seoul」, 2016년 4월 30일 참조

41 "[단독]대학생 57만명…휴학·자퇴·전과·졸업유예", 「경향신문」, 2016년 9월 5일 참조

나가며 _ 실패해도 다시 시작할 수 있는 덴마크 사회

1    아누 파르타넨, 앞의 책, 297쪽 참조

2    같은 책, 14쪽 참조

참고 문헌

:: 국내 저자의 책

고재학, 『부모라면 유대인처럼』, 예담friend, 2010

김영훈, 『4~7세 두뇌 습관의 힘』, 예담friend, 2016

김영희, 『대한민국 엄마들이 꿈꾸는 덴마크식 교육법』, 명진출판, 2010

김지영, 『다섯 가지 미래 교육 코드』, Soulhouse, 2017

류선정 외, 『세계 최고의 교육법』, 이마, 2017

박순서, 『공부하는 기계들이 온다』, 북스톤, 2016

송순재·카를 K. 에기디우스·고병헌 편저, 『덴마크 자유교육』,
민들레, 2011

심정섭, 『질문이 있는 식탁, 유대인 교육의 비밀』, 예담friend, 2016

오연호, 『우리도 행복할 수 있을까』, 오마이북, 2014

이혜정, 『서울대에서는 누가 A+를 받는가』, 다산에듀, 2014

정지훈, 『내 아이가 만날 미래』, KOREA.COM, 2013

최진석, 『탁월한 사유의 시선』, 21세기북스, 2017

편해문, 『아이들은 놀이가 밥이다』, 소나무, 2012

황선준·황레나, 『스칸디 부모는 자녀에게 시간을 선물한다』,
예담friend, 2013

KBS 〈명견만리〉 제작팀, 『명견만리 : 미래의 기회 편』,
인플루엔셜, 2016

SBS 스페셜 〈부모 vs 학부모〉 제작팀, 『부모 vs 학부모』,
예담friend, 2014


:: 해외 저자의 책

데이비드 번즈, 『관계 수업』, 차익종 옮김, 흐름출판, 2015

러셀 로버츠, 『내 안에서 나를 만드는 것들』, 이현주 옮김, 세계사, 2015

마이크 비킹, 『휘게 라이프, 편안하게 함께 따뜻하게』, 정여진 옮김, 위즈덤하우스, 2016

마틴 메이어·레네 메이어 하일, 『최고의 교육은 어떻게 만들어지는가』, 김효정 옮김, 북하우스, 2015

말레네 뤼달, 『덴마크 사람들처럼』, 강현주 옮김, 마일스톤, 2015

모르텐 스트랑예, 『덴마크』, 조혜정 옮김, 휘슬러, 2005

바스 카스트, 『선택의 조건』, 정인회 옮김, 한국경제신문사, 2012

새뮤얼 아브스만, 『지식의 반감기』, 이창희 옮김, 책읽는수요일, 2014

시미즈 미츠루, 『삶을 위한 학교』, 김경인·김형수 옮김, 녹색평론사, 2014

아누 파르타넨, 『우리는 미래에 조금 먼저 도착했습니다』, 노태복 옮김, 원더박스, 2017

아비지트 배너지·에스테르 뒤플로, 『가난한 사람이 더 합리적이다』, 이순희 옮김, 생각연구소, 2012

예스퍼 율, 『부모와 아이 사이, 사랑이 전부는 아니다』, 김태정 옮김, 예담friend, 2016

오마에 겐이치, 『지식의 쇠퇴』, 양영철 옮김, 말글빛냄, 2009

윌리엄 데레저위츠,『공부의 배신』, 김선희 옮김, 다른, 2015

제임스 서로위키,『대중의 지혜』, 홍대운·이창근 옮김,
랜덤하우스코리아, 2005

켄 로빈슨,『학교혁명』, 정미나 옮김, 21세기북스, 2015

켄 로빈슨·루 애로니카,『누가 창의력을 죽이는가』, 최윤영 옮김,
21세기북스, 2019

폴 담,『덴마크의 아버지 그룬트비』, 김장생 옮김, 누멘, 2009


:: 기타

김승권 외,『전국 출산력 및 가족보건·복지실태조사(2012)』,
한국보건사회연구원, 2012

『덴마크 대안교육을 만나다』, 삶을 위한 교사대학·서울특별시
교육청·인천광역시교육청, 2017

『2016년 사회통합실태조사』, 한국행정연구원, 2016